U0629874

**里程碑
文库**

THE
LANDMARK
LIBRARY

**人类文明的高光时刻
跨越时空的探索之旅**

浪 漫 主 义 交 响 乐 的 开 端

贝多芬与

《英雄交响曲》

[英] 詹姆斯·汉密尔顿—帕特森 ▾ 著

杨靖 杨依依 ▾ 译

EROICA

THE FIRST GREAT
ROMANTIC SYMPHONY
BY JAMES
HAMILTON-PATERSON

北京燕山出版社

YSP BEIJING YANSHAN PRESS

贝多芬与《英雄交响曲》：
浪漫主义交响乐的开端

[英] 詹姆斯·汉密尔顿—帕特森 著
杨靖 杨依依 译

图书在版编目（CIP）数据

贝多芬与《英雄交响曲》：浪漫主义交响乐的开端 /
（英）詹姆斯·汉密尔顿-帕特森著；杨靖，杨依依译
. -- 北京：北京燕山出版社，2020.12
（里程碑文库）
书名原文：Eroica: The First Great Romantic
Symphony
ISBN 978-7-5402-5796-5

Ⅰ . ①贝… Ⅱ . ①詹… ②杨… ③杨… Ⅲ . ①贝多芬
(Beethoven, ludwing Van 1770-1827) —传记 Ⅳ .
① K835.165.76

中国版本图书馆 CIP 数据核字 (2020) 第 172358 号

Eroica

by James Hamilton-Paterson

First published in 2016 by Head of Zeus Ltd
Copyright © James Hamilton-Paterson 2016
Simplified Chinese edition © 2020 by United Sky (Beijing)
New Media Co., Ltd.

北京市版权局著作权合同登记号 图字:01-2020-4799 号

选题策划	联合天际	特约编辑	李天宇　罗雪莹	
版权统筹	李晓苏	版权运营	郝佳	
编辑统筹	李鹏程　边建强	营销统筹	绳珺　王雅娴	
视觉统筹	艾藤	美术编辑	程阁	

责任编辑	郭悦　李瑞芳
出　版	北京燕山出版社有限公司
社　址	北京市丰台区东铁匠营苇子坑 138 号嘉城商务中心 C 座
邮　编	100079
电话传真	86-10-65240430（总编室）
发　行	未读（天津）文化传媒有限公司
印　刷	小森印刷（北京）有限公司
开　本	889 毫米 ×1194 毫米　1/32
字　数	140 千字
印　张	6.25 印张
版　次	2020 年 12 月第 1 版
印　次	2020 年 12 月第 1 次印刷
书　号	ISBN 978-7-5402-5796-5
定　价	68.00 元

关注未读好书

未读 CLUB
会员服务平台

上页图

贝多芬的微型肖像画，由丹麦艺术家克里斯蒂安·霍纳曼绘于1803年。
此画大概是贝多芬早期肖像画中最惟妙惟肖的一幅，贝多芬本人对此画
极为珍视，后来把它赠送给当年在波恩结识的老友史蒂芬·冯·布罗伊宁。

目　录

维也纳之景，由贝纳多·贝洛托绘于1760年。画中前景是观景楼，中心处为圣斯蒂芬大教堂。画中所描绘的主要是巴洛克式的辉煌壮丽。远处的维也纳城是奥地利帝国的商业及艺术中心，人们看不到它的肮脏与喧嚣。

＊ ＊ ＊ ＊ ＊ ＊

引言和术语

贝多芬的《第三交响曲》（Symphony No. 3），也就是《英雄交响曲》（Eroica）虽然赫赫有名，但对于新一代的音乐会观众和音乐爱好者来说，了解一下这部作品在1805年首次演出时多么具有开拓性，可能对于理解它会更有好处。这首曲子在问世之初曾备受指责，因为它似乎一下子粗暴地打破了维也纳古典交响乐的模式，而且从某种程度上来讲也确实如此。然而，《英雄交响曲》不仅是一种全新的音乐形式，还展现出了一种对个人和社会而言全新的、有力的表达方式。浪漫主义的主题，是个人强烈而奔放的情感诉求，这一点与贝多芬的创作主题不谋而合。但更让大众惊叹的《英雄交响曲》及其后继曲目（特别是《第五交响曲》和《第九交响曲》）则传递出一种诚挚的感觉，很容易让人联想到诸如意志、胜利及"四海之内皆兄弟"等神圣甚至可以说是浮夸的意象。这是一种全新的东西。

贝多芬本人曾明确指出《英雄交响曲》和拿破仑·波拿巴的联系，而《英雄交响曲》确实也具有多样的革命色彩。不过如今看来，这似乎没有它在过去两个世纪内对整个西方音乐进程产生的影响那么重要。"法国有大革命，而德国有贝多芬交响曲"，罗伯特·舒曼在1839年如是说。我们可以把现代管弦乐队及其指挥、现代音乐厅和音乐会节目直接归功于贝多芬的交响曲，它们至今

《拿破仑翻越阿尔卑斯山》（Napoleon Crossing The Alps），由雅克-路易·大卫绘于1802年的第一个版本，收藏于凡尔赛宫。画中描绘了1800年春天，英姿飒爽的第一执政官拿破仑率领军队穿过圣伯纳隧道的场景。事实上，当时天气异常温和，大卫在画中绘制的疾驰大风和滚滚乌云，为浪漫英雄主义增添了不可或缺的一笔。与此相似，据贝多芬友人安瑟姆·胡滕布莱纳的叙述，1827年贝多芬逝世时，天空曾惊雷轰响。

仍是交响乐的核心元素（而在另外一些场合则遭到唾弃）。个中缘由显然值得细究。

将贝多芬的音乐和他所传承的风格放到历史背景中考察可能大有助益。无论他是一位多么具有独创性的音乐家，他仍然会面临任何一位抽象音乐作曲家都面临过并且仍在面临的基本问题：如何把乐曲推进下去？显然，对于"叙事性"音乐，即设定了文本、为电影作配，或在战争和田园风光等声音场景中呈现的音乐来说，这并不困难。但如果没有这些外在方式，想要推动音乐的发展就会变得较为困难。例如，以一个绝佳的曲调开头易如反掌，但这个曲调能重复的频率有限，因此必须发生变化。但问题是：下一个曲调是什么？为什么是这个曲调？几个世纪前的一种解决方法，是以这个曲调为基础写变奏曲，正如贝多芬在《英雄交响曲》的最后一个乐章中做的那样。

变奏曲式

正如这一术语名称暗示的那样，变奏曲式是指选择一个曲调，用不同的方式修饰或改变它，同时保持它的辨识度。在早期，成组的钢琴变奏曲——比如亨德尔的一些作品，可能相当传统、单调。J. S. 巴赫的《哥德堡变奏曲》（*Goldberg Variations*）可能是第一部展示这种曲式能达到的效果的作品。18世纪后半叶，除了某些例外，比如海顿和莫扎特的一些交响乐和器乐作品，成套的变奏曲都不免流于琐碎、轻佻。起初，贝多芬创作变奏曲主要是为了展示自己的钢琴技艺，后来，他越来越频繁地运用这种形式，创作一些最具个人色彩的音乐。在后来对变奏曲的运用中，当贝多芬创造性地探索其更深处的可能性时，开端的曲调常常变得越来越难以辨别。

除了变奏曲，还有什么能推进一段音乐呢？中世纪时，大多数欧洲音乐不是宗教音乐就是民歌，音乐的形式可能没那么重要，因为文字或舞蹈提供了额外的助推力。然而，一些作曲家很清楚地意识到了形式的重要性，因为他们希望自己的音乐比格里高利圣咏那优美但飘忽不定，而且并无固定形式的齐唱更为精妙。最重要的是，他们想要一些有趣的和声。随着15世纪后期民间音乐作曲家和圣歌作曲家的涌现，例如奥克冈、若斯坎·德普雷和其他法—佛兰德乐派作曲家，一种新颖的音乐风格逐渐形成，这也指引帕莱斯特里纳创作出伟大的音乐作品。这是一种极度复杂的复调音乐，常常以流行曲调为基础，通过复杂的卡农、倒影和其他手法来阐释。

对位、卡农和赋格曲

在《神佑女王》（God Save the Queen）或《康巴亚》（Kumbaya）等作品中，音乐通常以一个曲调为主，配以四个声部组成的纵向和声，即女高音、女低音、男高音、男低音形成简单的和弦加以陪衬。对位音乐则与之不同，各声部在横向上相互对立。每个声部通常都有自己的曲调，如何使这些独立的曲调和谐悦耳地结合在一起，则取决于作曲家的技巧。从纵向上看，这些声部在任意时刻都可能完全不和谐，但是耳朵能将它们结合在一起，消除不和谐，这样一来，音乐听起来就会很愉悦，就像任何其他种类的延迟满足能带来的一样。这种音乐早期最著名的范例，是托马斯·塔利斯创作于1570年的《寄愿于主而无他》(*Spem in Alium*)，这首复调音乐使用了40个独立声部，相当震撼。

卡农是复调音乐的一种特殊形式。《雅克兄弟》(*Frère Jacques*)和《伦敦大火》(*London's Burning*)就是著名的例子。这两首歌曲都可以同时由四个声部"纵向"演唱，各声部之间又相互独立、对位。一个声部按照顺序追随另一个声部，不同声部依照一定的时间间隔进入，并且仍然能创造出和谐的声音，只要人们能够忍受，它就会一直持续下去，因为没有明显可以停顿下来的地方。在英语中，卡农过去常常被称为"循环"，这并不是没有原因的。上述两首曲子不是很复杂。托马斯·塔利斯又一次提供了一首更为优美的著名乐曲——《今夜荣耀归于你，我的上帝》(*Glory to Thee My God This Night*)。这首歌被收录在塔利斯的卡农之中，英国国教会常常在晚祷时唱诵。音乐专业的学生经常被要求创作卡农，因为能独立听到不同的声部是一种很好的练习。巴赫、海顿、莫扎特和贝多芬都写了几十首卡农，这些作品常常让人极度疑惑，甚至含有淫秽的言辞——尤其是莫扎特，他的卡农《舔我的屁股》(*Lick My Arse*)最终被德国布赖特科普夫与黑特尔音乐出版社以《让我们快乐吧》(*Let Us Be Merry*)作为曲名出版发行。

对位法的精心运用是巴洛克风格的基础，这种风格在欧洲得到进一步发展，并一直持续到1750年 J. S. 巴赫去世。巴洛克风格最著名的应用也许是赋格曲。赋格曲有相对严格和较为宽松的形式，从理论上讲，它可以有任意数量的独立声部，但通常只有2到5个。一个声部单独开始，唱出一个被称为主题的基本曲调（通常只有几个音符），这个基本曲调结束后，第二个声部以同样的主题加入进来，同时第一个声部伴唱对题，然后其他声部依次唱出同样的主题。这些声部齐心协力，通过短暂地将主题从大调转为小调（反之亦然），将音乐的潜能挖掘到极致——一个大调或者"欢快"曲调的例子是《指引我，噢，伟大的救赎者》（*Guide Me, Oh Thou Great Redeemer*），也就是威尔士橄榄球迷喜爱的《天堂的面包》（*Bread of Heaven*）曲调。在西方音乐里，小调通常比大调听起来更悲伤。大多数流行音乐都运用大调，但著名的例外是披头士乐队的《埃莉诺·里格比》（*Eleanor Rigby*，E小调）、史密斯飞船乐队的《美梦继续》（*Dream On*，F小调）和齐柏林飞艇乐队的《天堂的阶梯》（*Stairway to Heaven*，A小调）。

根据创作的时间和地点，以及形式是器乐还是合唱，赋格曲的变化很大。著名合唱赋格曲《他相信上帝会救赎他》（*He Trusted in God That He Would Deliver Him*）是一个很好的例子。该曲源自亨德尔的清唱剧《弥赛亚》（*Messiah*）。在这首曲子中，各声部从男低音到女高音依次进入。合唱赋格曲通常比器乐赋格曲更加轻松，因为它们通常是为了在大教堂中创造一个轰动的高潮而创作的。器乐赋格曲，尤其是钢琴赋格曲，往往更加严格，更富于理性。可以说，这种曲子的极致之作是巴赫的《赋格的艺术》（*The Art of Fugue*），这部作品未能完成，是他生前最后一部杰作。在这部作品中，巴赫在包含着11个音符的主题之上创作出了15首不同的赋格曲和4首卡农，其中主题倒影、逆行、倒影逆行，展开又收缩，在不同节奏下进行，展现出他惊人的对位掌握能力。

尽管巴洛克风格在18世纪早期逐渐过时，但赋格曲或者说赋格风格依然存在，尤其是在保守的教堂音乐中。而且，创作赋格曲是每个音乐家训练的重要部分（现在许多大学的音乐课程中仍有这部分内容），能有效帮助音乐家形成独立处理声部和乐器的能力。正如我们看到的，像海顿、莫扎特和贝多芬这样的作曲家，各自都有充分的理由在他们的世俗音乐中使用赋格风格，从那以后，许多作曲家莫不如此。通常他们会用赋格风格的乐段给作品带来一种严肃的元素，这种赋格乐段听起来很高深，但并不是完整的、精心筹划的赋格曲。这一风格在《英雄交响曲》的第一乐章和最后一个乐章中都有很好的体现。

华丽风格、奏鸣曲和古典风格

到1750年，大众早已厌倦了这种"高深"的风格，并且想要一种更轻盈、悦耳的曲目——从18世纪早期开始，随着维瓦尔第、佩尔戈莱西和其他意大利人的音乐像欢快的春水一样涌向北部地区，这种口味逐渐滋长起来。甚至连巴赫著名的长子、情感风格的主要倡导者，以感伤主义或"多愁善感"著称的卡尔·菲利普·伊曼纽尔，也会私下里亲切地称他的父亲为"老顽固"。华丽风格逐渐形成，充满了无穷无尽的小步舞曲和舞曲旋律，这类音乐常与德语国家有时称为"宴席音乐"的餐桌音乐重叠。这是一种小型乐器合奏团在舞会和宴会上演奏的音乐：一种18世纪的缪扎克，听起来毫不费力，也可作为背景音乐——就像如今的许多电台播报（例如天气预报）都会用一段毫无意义的打击乐作为背景音乐。华丽风格的音乐并不常见，也不容易记住，其短促的曲调常常点缀着许多空转的音符。对于想要给音乐注入动力的严肃作曲家来说，这毫无帮助。当然，在歌剧和清唱剧中，歌词本身已然带有前进的动力，但由于不能依赖过时的对位手法，作曲家需要找到另一种动力，以一种听起来有目的性、同时也有音乐意义的形式，推动一段"严肃"的抽象音乐向前发展。这个问题通过将各种元素逐渐合并进"奏鸣曲式"的方式得到了解决。

　　奏鸣曲式从来没有像莎士比亚的十四行诗或大多数赋格曲那样严格，但通常会遵循这样的一种模式：在开始的曲调之后，从主调或主音移到属音——属音是主音之上的第五个音，在传统和声中，人们认为属音是最迫切需要解决回到主音这一问题的音符。在钢琴上，如果主音是C，那么属音就是G。想象你正在唱《鸟蛤与贻贝》（*Cockles and Mussels*）："在都柏林这座美丽的城市 / 那里的女孩是那么漂亮 / 我第一次看到甜美的莫莉·马龙。""马龙"的最后一个音节就是属音。它让你想随着"当她推着手推车……"

回到主音，并在之后的片段中一直保持这个音。

转调已经是一种公认的避免单调、推动音乐向前发展的方法。这种方法饱经考验，值得信赖，至今仍然如此。这一手法公认的弱点在20世纪60年代的美国流行音乐中极为常见，其典型情况是，当作曲家在几个乐章之后操作变调时，整个曲调就会上移半个音程（有时不止一次），而且他们通常不会去处理这个问题，让其回到开始时的音调。

在奏鸣曲式中，一旦到达属音，就会引入一个全新的曲调，通常还带有副动机或曲调片段。这一乐章通常以相同的主调和复纵线结束，这是从巴洛克风格的"返始"咏叹调继承而来的惯例。这意味着演奏者要返回原点，从头开始重复这一章节。当这种重复完成时，就要演奏多种曲调的展开乐章，通常涉及多种不同的音调和手法。在此之后，音乐逐渐被（通常非常巧妙地）带回"主导的"主音，这时候，音乐要么以原始的形式再现，要么有所改变，就像是在乐章的发展过程中被削弱或加强了一样。有时作曲家会在最后加上尾声来做总结，以结束这一乐章。

这样看来，对于采用奏鸣曲式的音乐而言，其整个进程实际基于回到正确的音调。如果用绘制一幅简图的形式来解释的话：主调一开始得以确立，接着又迷失，然后被打乱，最后返回原点，达到令人满意的程度。这有点像一场音乐闹剧，从一个秩序井然的世界开始，然后由于误解和看似合乎逻辑的荒谬，这个世界很快天翻地覆，最终秩序得以恢复，观众也因此如释重负。

古典风格

虽然作为形容词的"古典"如今有时仍被用于区别"严肃""艺术"音乐与更"流行"的音乐，但古典风格（有时又细化为维也纳古典风格）通常指的是18世纪下半叶创作的一种音乐。这种音乐风格在早期比较模糊，与巴赫和亨德尔（两人分别死于1750年和1759年）等巴洛克风格的音乐家有交集，同样，在后期，贝多芬和舒伯特等作曲家与肖邦和舒曼（两人都生于1810年）等浪漫主义风格音乐家多有重合之处。由于在很长一段时间里，维也纳一直被视为欧洲的音乐之都（单看在维也纳工作过或受其影响的一流音乐家的数量便不难明白），维也纳古典音乐因此也就成为海顿（1732—1809）、莫扎特（1756—1791）和贝多芬（1770—1827）所代表的那个时期的主要音乐风格的简称。

奏鸣曲式是古典风格的命脉，可改编性很强，既可以压缩融入短小的作品，也可以轻易展现于宏大的作品中。随着作曲家心血来潮时发生的无数小偏差，在1740年到1820年间，奏鸣曲式构成了古典音乐（尤其以钢琴奏鸣曲为代表）的主要基本结构。它最单调的形式较为公式化，但优秀的作曲家们发现它具有极大的灵活性，几乎在所有交响曲的第一乐章，以及其他跨度很大的音乐作品中——从短笛奏鸣曲到弦乐四重奏再到交响曲——奏鸣曲式都成为标配。尽管压力很大，贝多芬还是把它放置在《英雄交响曲》及之后的作品中——从浪漫主义时期的舒曼和肖邦，甚至是勃拉姆斯的音乐中都不难发现这种影响——换句话说，实际上这种影响一直持续到19世纪末。那时，传统和声被理查德·施特劳斯这样的作曲家痛苦地延长了生命，最终被勋伯格、贝尔格和韦伯恩的十二音音乐摧毁。一旦音调的重要性被废除，奏鸣曲式就失去了主要动力。但在其独领风骚的那些年里，它的成功要归功于它为一段原本抽象的音乐注入前进动力的神奇功效。

1806年前后的贝多芬：由伊西多尔·纽加斯所绘，一幅略带理想化色彩的肖像画。画中贝多芬一改往日形象，衣冠齐整。在《英雄交响曲》出版那年，他既得了近视，又患有耳疾，这一点从他的眼镜链就可见一斑。

* * * * * *

来自波恩的少年

过去人们常常拿贝多芬的家庭背景和童年时期与莫扎特的对比，仿佛在展示英勇的天才莫扎特如何放弃了被父亲精心培养为神童的优势。确实，莫扎特的父亲既是一位有成就的职业音乐家，又对儿子期许极高。但贝多芬的父亲约翰也是一位职业音乐家，尽管他的成就远不如利奥波德·莫扎特。而且，他对儿子也有足够的期望，偶尔还会像利奥波德对待沃尔夫冈那样，把儿子的年龄说小一两岁。18世纪后半叶，儿童音乐名人的市场非常活跃。

年幼的贝多芬当然不是莫扎特或门德尔松那样的神童，但他明显很早就具有非凡的音乐天赋。音乐毕竟在这个家族得以传承。在贝多芬不到3岁时就去世的祖父路德维希（1712—1773），来自如今属于比利时的地区，是一位训练有素的歌手，在波恩的科隆选侯的教堂任职。1761年，他被任命为乐长，负责掌管整个宫廷的音乐，证明他完全称得上是一位音乐家，而且拥有出色的嗓音。这样的职位通常由作曲家担任，而老路德维希从来不是。

老路德维希的儿子约翰也进入了选侯的教堂，成为一名歌手——先是作为一个童声歌手，后来作为男高音。约翰在小提琴和羽管键琴两方面都有足够的能力，可以教一些基本课程来维持生活，但他的音乐才能要比父亲平庸得多。约翰于1767年结婚，他的第二个得以存活的儿子路德维希（即贝多芬）生于1770年12月。两个弟弟卡尔和约翰也活了下来，他们都在贝多芬的晚年生

贝多芬的祖父，路德维希·凡·贝多芬之画像，在其61岁时由一位名为阿梅利乌斯·拉杜的比利时同胞所绘。此画创作于1773年，当时，路德维希在波恩选侯的教堂担任乐长一职。

那年早些时候，老音乐家得了中风，后来在圣诞节前一天与世长辞。

活中扮演了重要角色。

看到贝多芬早期的天赋之后，他父亲尽其所能地培养他，给他上了基本的键盘和小提琴课。之后贝多芬被送到波恩的多个老师那里学习，并在7岁时举办了第一场音乐会，演奏"各种协奏曲和三重奏"，进步很快。但在父亲的威逼之下，贝多芬很快就像15年前的莫扎特一样感到过度疲劳，只不过他没有穿那个小演奏家所穿的缎子套装、迷你宫廷礼服，也没有戴假发。相反，年幼的贝多芬的家庭会被当今的英国人委婉地称为"问题家庭"。他明显被疏于照料、营养不良，偶尔还因父亲的殴打而遍体鳞伤。他的弟弟们没有表现出音乐天赋，可能也因此逃脱了父亲的野心能带来的最坏后果。在外面，约翰很友好，也没有不受欢迎，但偶尔也会显露出酗酒的恶果，他的嗓音和宫廷演出已经开始受到影响。

孩子们的母亲玛丽亚心地善良，尽管她也会像贝多芬家族里的每个人一样，突然大发脾气。不知何故，她与难以相处的丈夫倒是相处得很好，只是对维系家庭感到费力。她的孩子们在学校以邋遢出名。贝多芬的正规教育甚至没有达到文理中学水平，而是在波恩的短期学徒阶段（或者叫小学阶段）就停止了。1781年，为了专注于音乐，他离开了学校。那时他还不到11岁。多年以后，他的一个小学同学想起了这个男孩，由于他皮肤黝黑、桀骜不驯，他们称他为"路易斯"（Luis）或"西班牙人"（der Spagnol）。

贝多芬于波恩出生时的寓所，从其后花园所看之景。
他诞生于一座石板瓦房的低矮阁楼里。

他的母亲肯定去世了，因为路易斯·凡·贝多芬的邋遢和粗心大意等特征人人都知道。后来在他身上闪耀得如此夺目的天才光环也丝毫没有显现。[1]

事实上，可怜的玛丽亚并没有死，她只是患上了早期肺结核。为了维系家庭并养活三个孩子，她比之前更加疲惫不堪。

年幼的贝多芬辍学了，这事在当时很常见。对于生活在贫困家庭的男孩来讲，11岁进入社会，在一个有价值的行业中当学徒非常合适，赚钱比学习更重要。贝多芬自己选择了音乐行业：他在这方面很有才华，但在一些基本技能方面又很差劲，例如即便是最基础的数学计算也令他头疼不已。在他留下的大量手稿、笔记、日记、会话记录和草稿中，我们能看到他在计算上做出的令人讶异的努力，这暴露了他的不足。例如，他从未学过乘法，如果他需要把一笔钱乘以40，他会把这个数目写40遍，然后把它们加起来，但连续两次计算并不总能得到相同的结果。

第一位对年轻的贝多芬产生深远影响的音乐老师是克里斯蒂安·戈特洛布·内弗，他于1781年被任命为波恩的宫廷风琴演奏师。正是内弗把 J. S. 巴赫创作的包含所有大小调的48首前奏曲和赋格教给了贝多芬，当时这位巴洛克音乐大师的风格已经过时了。在巴赫去世后的31年里，他的遗作被相对少数的狂热者保存下来，大约又过了半个世纪，门德尔松才将《马太受难曲》（*St Matthew Passion*）从默默无闻中拯救出来，使当时身处浪漫主义时期的听众大吃一惊，重新树立了巴赫应有的地位。事实证明，巴赫的48首前奏曲与赋格为一种更先进的钢琴弹奏技巧奠定了完美的基础，它对贝多芬后来的独特赋格曲也有同样的影响。11岁时，贝多芬已经有足够的造诣，可以作为宫廷风琴手担任内弗的副手。内弗本人也在一篇杂志文章中赞赏过这位得意门生，称他是一名技艺娴熟的键盘演奏者和视奏者，并赞许了他已经出版的一组作品。这组作品由九首钢琴变奏曲组成，以小调作曲家恩斯特·克里斯托弗·德莱斯勒的进行曲为主题。（在《英雄交响曲》中，C小调的葬礼进行曲非常有名，而贝多芬发表第一组作品时，同样选择了《德莱斯勒进行曲》中C小调的葬礼进行曲作为主题，这一巧合实在令人好奇。）内弗在文章结尾写道："这位天才少年值得在大家的帮助之下走上艺术道路，如果保持开始时的这种良好势头，他必将成为第二个沃尔夫冈·阿玛多伊斯·莫扎特。"[2]

在13岁之前，贝多芬已经成为马克西米利安·弗里德里希选侯乐队的第二宫廷低音演奏师，他将三首出版的钢琴奏鸣曲明智地献给了他的雇主。长期以来，低音演奏师的主要任务一直是用键盘为歌剧和康塔塔中的独唱歌手伴奏。这时，传统的羽管键琴正慢慢被古钢琴取代，低音演奏师在兼任乐队指挥的同时还要帮助乐队保持团结。这份工作其实是一项相当大的挑战，考验演奏者看乐谱视奏和记时的能力，对贝多芬熟悉合奏而言非常宝贵。第二年，选侯去世，女皇玛丽亚·特蕾西亚最小的儿子马克西米利安·弗朗茨大公继位。虽然他的头衔是科隆大主教和选侯，但他的宫廷却设立在波恩，几个世纪以来科隆的所有选侯都是如此。新选侯急于使波恩成为可与他出生的城市维也纳相媲美的艺术中心。内弗知道他对音乐有很大的兴趣，就推荐得意门生贝多芬担任宫廷助理管风琴师，于是13岁的贝多芬以150古尔登的薪俸被正式任命。贝多芬家族一定因此大大松了一口气。这个男孩的收入相当可观，很难想象约翰那天晚上入睡的时候是清醒的。新选侯很快就开始对这个年轻的管风琴师产生了兴趣，并意识到这个男孩天赋异禀。

在贝多芬看来，接下来的几年非常有利于他提高自己的音乐水准，因为他的工作并不繁重，他有足够的时间完善自己的弹奏技巧。更妙的是，他可以从宫廷管弦乐队中学习每种乐器的音域、使用、音调限制，以及融入合奏或脱颖而出的技艺。从父亲那里，他学会了拉小提琴的基本技巧，并成了一名足以在歌剧管弦乐队中占有一席之地的中提琴手。但他绝不是一个天生的弦乐演奏者，这只是任何一位实践型音乐家都会在成长过程中学习的技能。例如，海顿自称能在管弦乐队中演奏任何乐器，虽然不能大放异彩，但几乎能把每种乐器都演奏得相当不错，足以使他替代缺席演奏者的席位。

20世纪30年代初，有两位学者为贝多芬撰写了出色的传记，分别是马里昂·M.斯科特（《贝多芬》）和理查德·施佩希特（《贝多芬肖像》），他们都在书中提到了这段时期的一个故事。后来的传记作家都不曾提及件事，可能是因为它缺乏可靠的来源。

在马里昂·斯科特的版本中，故事是这样的：

> 贝多芬在工作过程中……必须为《耶利米哀歌》(*Lamentations of Jeremiah*)进行钢琴伴奏，这些哀歌要在圣周用吟诵的音符唱出来。1785年3月的圣周，歌手是费迪南德·海勒，一位杰出的音乐家。当贝多芬提出要做一些乐谱外的即兴创作时，他欣然同意。（这个男孩）一边坚持用一根手指弹奏吟诵的音符，一边在伴奏中即兴创作十分大胆的和声，海勒对此感到迷惑不解，以至于找不到结尾的节奏。教堂里的乐师被贝多芬的演奏技巧惊了，海勒本人非常恼火，向选侯抱怨，大出风头的年轻人于是受到了这位尊贵人物"非常客气的斥责"。[3]

这个故事听起来极为可信，因为在贝多芬惊人的即兴演奏之后，很快就出现了大量关于其演奏技巧的来源可靠的描述，尤其是说他接受了仅用几个音符进行演奏的挑战。这也使他萌生出一种自负，在他随后接受的大多数挑战中，我们都能见到这份自负，尤其是后来在维也纳，钢琴家之间的竞争非常激烈时。

贝多芬14岁时发表了第一部带有个人早熟印记的作品：三首钢琴四重奏（WoO 36，他早期许多未被收录的作品都没有作品编号，因此只能这样注明）。这部作品不可避免地受到了莫扎特的影响，因为他是最能启发年轻的贝多芬的作曲家，也因为每首四重奏都是根据莫扎特的某一首小提琴奏鸣曲改编而成。尽管如此，这些作品仍流露出令人惊讶的个性，以及对一个年轻人来说颇让人意外、极为克制的感情。很显然，贝多芬在谱写这些四重奏时心里把自己当作钢琴家，而这些作品本身也是对他掌握的钢琴技艺的一种证明，因为它们对钢琴家的要求远高于莫扎特的小提琴奏鸣曲对小提琴家的要求。《降E大调第1号钢琴四重奏》的第二乐章不仅采用了一种猛烈、富有激情的模式（这种模式后来在贝多芬定居维也纳时成为他的一种标志），还采用了主音小调——降E小调中罕见的音调。这六个降号给所有演奏者带来了困难：对琴弦来说是因为对音准的高要求，对钢琴师来说是因为他要处理太多黑色琴键，而这种情况很少有，除了巴赫的48首前奏曲与赋格（这种困难在于在键盘乐器上弹奏相隔较远的音符）。贝多芬对巴赫作品的熟悉无疑促成了这一合乎逻辑但不同寻常的选择。

这三首钢琴四重奏为后来的作品提供了明确定位，特别是十年后，他将《C大调第3号钢琴四重奏》的慢速乐章改编成32首钢琴奏鸣曲中《F小调第1号钢琴奏鸣曲》（Op. 2 No. 1）的柔板部分，而四重奏第一乐章的G小调部分在《C大调第3号钢琴奏鸣曲》（Op. 2 No. 3）中再次出现。目前看来更重要的是，在其中两个四重奏中，有对"普罗米修斯"主题雏形的明显暗示，贝多芬在之后的15年或更长的时间里，在四部不同的作品中分别使用了这个主题，并以在《英雄交响曲》最后一个乐章中的使用而告终。*

这些尚未得到完整诠释的曲调是不是20年后名声大振的曲调

★ 见附录，第176页。

的雏形？还是说，就像在音乐史上常见的那样，它们仅仅是一种稍纵即逝的风格，而非一种确定的流派？音乐学家也指出，穆齐奥·克莱门蒂的两首钢琴奏鸣曲可能对这个主题产生了影响，尤其是他发表于1784年的《F小调钢琴奏鸣曲》（Op. 13 No. 6）。[4]它的最后一个乐章以"普罗米修斯"主题的前几个音符开始，虽然是小调，但在后来的乐章中，它出现在大调中，听起来确实很相似。克莱门蒂可能是早期钢琴的第一位演奏家，他后来的许多奏鸣曲无疑对贝多芬产生了一些影响，贝多芬成年后的个人作品也肯定对他的作品有所借鉴，而且他和这个意大利人一定有音乐上的往来。但贝多芬在这首奏鸣曲问世一年后就写出了自己的钢琴四重奏，这一点似乎值得怀疑。无论如何，这些音乐上明显的相互参照和相互印证都能折射出太多东西。

少数几个音符可能预示着后面整首曲子的曲调，这一点似乎没什么意义，尤其是贝多芬从未觉得自己会受到来自克莱门蒂的遥远挑战，无论是作为演奏者还是作为作曲家。1785年，14岁的贝多芬还不知道，正是这些动机片段的使用和拓展成了他成熟的标志。当时，莫扎特和海顿等作曲家倾向于自成体系的曲调，在推动乐曲向前发展时通常会保持其辨识度。贝多芬想要探索一种方法，要么以简单的节奏动机（比如《第五交响曲》的开端）开始，将其扩展为曲调；要么反其道而行之，从一段曲调开始，将其缩减为一个组成部分（比如《第八交响曲》的最后乐章）。这些技巧成为他成熟作品的一个显著特点，尤其是《英雄交响曲》。不论起源是什么，这个后来的"普罗米修斯"曲调的特殊萌芽，显然有一个漫长的开端。

在波恩的新选侯宫廷，听完这些早期的四重奏之后，没有一个音乐家对年轻的贝多芬的杰出天赋和远大前途提出任何质疑。马克西米利安大公特别关注他，不仅认为他能为宫廷增光添彩，而且将其视作莫扎特伟大功勋的潜在继承者。他对这位前途无量的管风琴师的未来充满兴趣，这与他对波恩的规划完全一致：使之从墨守教会成规的一潭死水，转变为文化艺术的圣地。在很大程度上，他是一个启蒙主义者。他鼓励科学发展，布局设计植物园，在宫廷图书馆开设公共阅览室，并为前任选侯筹办的新大学举行开幕典礼。在短暂而令人振奋的几年里，这座城市沐浴在春天般的复兴之中，吸引了大批艺术家和知识分子。那时的人们，对1789年法国大革命后被拿破仑控制的波恩即将发生的可怕改变尚且一无所知。这段时期波恩的进步氛围，作为贝多芬出生地和乡愁起源地文明有序的缩影，正是他余生想要维护的对象。

从严格意义上说，少年时期的贝多芬可能没有受过良好的教育，在社交方面也较为粗鲁，但他从大量音乐领域以外的知识启蒙中受益良多。他的老师和导师，克里斯蒂安·内弗，受到启蒙运动的影响，带有明显的平等主义色彩，近乎神秘主义。内弗是共济会成员，也是更加秘密、政治上更加激进的巴伐利亚组织光照派成员。这种政治倾向在很大程度上是符合时代精神的。当时许多杰出的艺术家和知识分子都是共济会成员，从美国的本杰明·富兰克林和乔治·华盛顿到德国的歌德和腓特烈大帝，更不用说国内的格鲁克、莫扎特和海顿。《智者纳旦》（*Nathan the Wise*，1779）的作者、剧作家戈特霍尔德·埃夫莱姆·莱辛也是共济会成员。纳旦强烈呼吁基督教、犹太教和伊斯兰教和平共处，这则四海之内皆兄弟的寓言在欧洲早已家喻户晓。他这样描述共济会纲领的核心信仰：

> 通过兄弟之爱的实践，我们知道要把整个人类物种看作一个家庭，不论地位高低、经济贫富，我们都由上帝创造并被带到世上来，目的是让我们互相帮助、互相扶持和互相救助。在这些原则的基础上，共济会把各国、各教派和持各种观点的人团结在一起，而且它的规定也在原本保持距离的人们之间建立了真正的友谊。[5]

贝多芬可能会从内弗及其圈子里的其他人那里听到这样的想法，而且毫无疑问，他把这些想法内化为自己出身卑微的证明，同时也隐含着这样一种安慰：出身的卑微并不妨碍未来的伟大。自1786年首次出版并广泛发行以来，席勒的《欢乐颂》（*Ode to Joy*）一定给这位青年留下了深刻印象。虽然席勒本人不是共济会成员，但这首诗表达的许多情感（德语 Alle Menschen werden Brüder："四海之内皆兄弟"）完美地呼应了共济会的理想。事实上，接下来的10年中，贝多芬一定居维也纳就决定为这首诗谱曲，尽管他花了30年才抽出时间来创作《第九交响曲》的最后乐章。而令人惊讶的是，贝多芬本人从来不是共济会成员，但他在维也纳的很多朋友都是，其中几位还是贵族。贝多芬生性不爱交际，因此不可能成为任何组织的成员。他生活中的任何规则和誓言都归其独有。尽管他呼吁四海之内皆兄弟，但他感到强烈的孤独，而且生性乖僻。

与此同时，贝多芬专注于磨炼自己的钢琴技艺，并给波恩多个贵族家庭的孩子上课，直到1787年春末，马克西米利安大公派人去找他，并宣布全额公费派他去维也纳。这位16岁的少年独自前往，而这趟维也纳之行的确切目的并不清楚。由于选侯本人是一名音乐爱好者，而他的哥哥约瑟夫二世是神圣罗马帝国的皇帝，并且身处维也纳，因此几乎所有人都被介绍给了贝多芬。毋庸置疑的是，他出国时还带着一捆令人印象深刻的蜡封举荐信。当然，他渴望见到莫扎特和海顿，但那时的海顿几乎是埃施特哈齐宫的"固定资产"。这座宫殿坐落在维也纳东南大约80公里处，就在今天的匈牙利边境。海顿在宫廷内担任乐长，除了圣诞节的短暂到访之外，他很少造访维也纳。

贝多芬确实遇到了匆忙而心事重重的莫扎特，并为他演奏了一曲，至少传说如此，这次访问没有可靠的记录。据说莫扎特在贝多芬演奏时转向其他人说："大家都好好看看这位少年，总有一天他会闻名全世界。"正如海顿认可莫扎特那样，这位传奇人物也认可了一位有价值的后继者，确实是一段佳话。但除此以外，我

1791年的约瑟夫·海顿，欧洲最著名的作曲家。海顿58岁时，托马斯·哈代于伦敦绘下了这幅肖像画。当时海顿刚抵达英国不久，这是他两次成功访问英国经历中的首次。翌年从家乡波恩抵达维也纳的贝多芬，日后将成为海顿算不上合格的学生。

们对这次访问一无所知。不到两周后，贝多芬收到了母亲玛丽亚病危的消息，被迫中断访问，匆匆回到波恩。在长途车上颠簸几天之后，他自己也有些不舒服。回家后，贝多芬一直照顾母亲，直到她两周后去世，年仅40岁。他深深依恋母亲，因而倍感孤寂，说他失去了最好的朋友（她的墓碑上刻着儿子写的铭文：她是我多么慈祥亲切的母亲，我最好的朋友啊）。他的年纪已经足够大了，能够意识到母亲为了给他、两个弟弟以及1岁的妹妹一个家而付出的辛苦。在这个家庭里，约翰最近几乎不起一点作用。

就这样，16岁的贝多芬成为家里的主要经济支柱。约翰早已开始酗酒，他的嗓音受到严重损坏，最终失去了宫廷的工作。这个家庭的很多财产都被典当了，约翰的小女儿也在11月份不幸夭折。两年后，当约翰被解雇时，贝多芬请求确认自己为一家之主，并得到了允许，长子的道德责任变成了法律责任。他的父亲令他感到尴尬，贝多芬最亲密的朋友史蒂芬·冯·布罗伊宁后来回忆说，有一次贝多芬曾竭力干预并阻止他那醉醺醺的父亲在街上被捕。

毫无疑问，在他生命中的这段黑暗时期，贝多芬很大程度上只能靠友谊把自己从彻底的绝望中拯救出来。长期以来，他一直在给庞大而富裕的冯·布罗伊宁家族的小孩子们上钢琴课。寡居的冯·布罗伊宁夫人是一位非常聪明的女士，她注意到了青年贝多芬的非凡才能，也理解他阴郁的心情，展现出慈母般的善良。贝多芬在这一时期结识的另一位终生朋友是弗朗茨·韦格勒，一位年轻的医生，他娶了冯·布罗伊宁家的一个女儿，最终还给贝多芬写了一部传记。这位年轻的音乐家本身可能是一个孤独的人，有时甚至十分难对付，但很显然，他身上一定有些可爱的品质，足以吸引愿意和他长久往来的朋友。谁也说不准如果没有朋友给予他支持，贝多芬能否挺过这段艰难的日子。

这段时期，贝多芬的另一位老朋友是费迪南德·冯·瓦尔德施泰因伯爵，他比贝多芬大8岁，是一位热心的业余音乐家，也是选侯的密友。瓦尔德施泰因伯爵送给贝多芬一架钢琴，不久之后，贝多芬将自己的C大调钢琴奏鸣曲（Op. 53）献给他，这首作品每位钢琴家都知道，名为《瓦尔德施泰因》。18世纪80年代末，贝多芬忙于精进自己的钢琴技巧，学习管弦乐队的工作知识，并大量创作足以显示他各方面才能的作品。然而，1790年2月，消息突然传来，选侯的哥哥约瑟夫二世已在维也纳去世。

约瑟夫二世，就像同时代的普鲁士腓特烈大帝一样，是伏尔泰和卢梭以及启蒙运动的崇拜者。尽管他统治着神圣罗马帝国，却曾私下渴望建立一个世俗国家，废除农奴制。1773年，他的母亲，女皇玛丽亚·特蕾西亚将耶稣会士逐出罗马帝国，在梵蒂冈引起轩然大波。虽然约瑟夫是天主教徒，但他给予新教徒和犹太人宗教自主权。他从未入会，但他对共济会的态度也相当温和。

约瑟夫二世热爱音乐，非常欣赏莫扎特，尤其是他的歌剧。他授命用德语演唱《后宫诱逃》（*Die Entführung aus dem Serail*），而不是像以往那样用法语或意大利语演唱。在维也纳，这种打破传统的做法被认为是令人耳目一新的民族主义，受到热烈欢迎。然而，约瑟夫的基本态度与其说是革命，不如说是改革。腓特烈大帝曾宣称，君主不是国家的绝对主人，而是国家的第一仆人。作为一个开明的君主，约瑟夫也许会向往这个理想，但他发现一些仆人实际上没有什么权力。他几乎没能改变奥地利，因为他处处受到教会的重压以及保守主义贵族、军队和帝国官僚的反对。他试图在短时间内改变很多东西，而权贵和权力机构会因此而变得一无所有。具有讽刺意味的是，尽管他是"人民的君主"，但最终却变得让人厌恶，而非受人爱戴。在深受疾病孤独之苦，并面临各方反对之时，他要求将这样一句话作为自己悲伤的墓志铭："这里躺着约瑟夫二世，他的事业全部失败。"直到今天，他躺在简陋的铜制棺椁里，与周围维也纳皇家墓穴里巨大的青铜棺椁形成了鲜明的对比。

但在那时，约瑟夫的进步思想在奥地利帝国疆域之外广受欢迎，当他的死讯传到弟弟波恩选侯那里时，20岁的贝多芬被要求在两周之内创作一首康塔塔来纪念他。这是贝多芬在波恩时期早期最好的作品，却从未被演奏过，可能是因为没有及时完成，也可能是因为演奏起来特别困难。这是贝多芬首次创作带有完整管弦乐队伴奏的大型合唱作品，这比值得赞扬、富有抱负的单部创作效果要好得多。令人印象深刻的C小调开端，结合悲伤到极致的音符，流露出一种奇异的个人特质，感人至深。毕竟，这是一件受人委托的应景之作。选侯失去哥哥的悲伤一定弥漫了整个宫廷。相似的命运降临在贝多芬创作的另一首康塔塔上——为庆祝约瑟夫的继任者、他的弟弟利奥波德二世登基而创作。这两首早期作品的华丽管弦乐体现了当代法国作曲家如勒·叙厄尔、梅于尔和戈塞克的影响，他们都曾应大革命新制度的要求，埋头创作气势恢宏的庆祝音乐。

此后，选侯加倍努力，为他的宫廷管弦乐队招募一流音乐家，不久就有人说这支乐队可与曼海姆的著名管弦乐队相媲美。所有演奏者都穿着饰有大量黄金的鲜红色制服。最终，昔日的顽童贝多芬作为中提琴手，穿上了华丽的制服。另外，他现在还被公认为波恩乃至波恩以外最好的钢琴家。卡尔·容克尔是一位来访的牧师，也是一位热心的业余音乐家，他称贝多芬为"亲爱的、善良的贝瑟芬（原文为Bethofen）"。他不仅听了贝多芬的演奏，还给了他一个即兴演奏的主题，并说贝多芬是一个"和蔼可亲、无忧无虑的人"，他赞扬道：

他几乎拥有取之不尽、用之不竭的想法，演奏时独特的表现风格，以及卓越的发挥……但他非常谦虚，没有任何矫饰……他对待乐器的方式与通常采用的方式大不相同，以至于使人产生这样的印象：通过自己的探索，他达到了现在的卓越高度。[6]

下页图

1780年10月，马克西米利安·弗朗茨大公抵达位于波恩的选侯住所，此画由约翰·弗朗茨·卢梭所作。身为选侯的指定继任者，马克西米利安大公正在出访途中。1784年后，成为波恩选侯的他把年轻的贝多芬置于自己的羽翼之下，使其在宫廷任职。

1790 年 12 月，海顿第一次访问英国，途中经过波恩，选侯的管弦乐队为他举行欢迎仪式。当他于 1792 年 7 月返回时，管弦乐队在莱茵河上游几公里处的哥德斯堡为他准备了庆祝早餐。目前我们不清楚贝多芬是在 1792 年的这次访问中，还是在 1790 年的那次访问中向伟大的海顿展示了他的作品——很可能是《悼念约瑟夫二世逝世康塔塔》(*Cantata on the Death of Joseph II*)。据韦格勒所说，当贝多芬被"鼓励去深造"时，他无疑很高兴。可以确定的是，在第二次来访时，贝多芬计划去维也纳跟随海顿学习，然后陪同他一道前往英国，第二次访问伦敦——这是海顿和生在波恩的乐队指挥约翰·彼得·所罗门之前的约定。海顿私下想在英国定居，因为他在那里受到热情招待且有利可图，结果发现贝多芬也在认真考虑去伦敦发展。能说明这一点的证据是他摘录簿中的一首诗，由冯·布罗伊宁兄弟中的另一位——克里斯托夫——于 1792 年 11 月 19 日所写：

看，林荫掩映，诱引着歌者

匆匆赶路，没有丝毫迟疑，

在波涛汹涌的大海上，有一片更美丽的树林为你遮阴，

一位吟游诗人（所罗门）向你伸出友谊之手，

他来自我们的阵地，逃至阿尔比恩的保护下。

让你的歌声响彻云霄，胜利而归，

让它疯狂地穿过树林，穿过海浪，到达你快乐地逃离的阵地。[7]

在同一本摘录簿中还有更著名的段落，即瓦尔德施泰因伯爵向他年轻的朋友告别的话：

亲爱的贝多文！（原文为Beethowen）

你现在去维也纳，是为了实现一个长久以来未能实现的愿望。莫扎特的精神仍在为它的学生的死亡而哀悼和哭泣。它在不知疲倦的海登（原文为Hayden）那里找到了庇护，但却没有占领他，通过海登，它再一次渴望与某人结合。通过你永不止息的勤奋，从海登的手中接受莫扎特的精神吧。

你真正的朋友　瓦尔德施泰因

波恩，1792 年 10 月 29 日 [8]

就这样，贝多芬最终在11月初离开波恩，前往维也纳，或许还去了英国。对他来说，这也是件好事，因为波恩即将被自1789年以来日益险恶的政治事件压垮。就在他离开时，法国军队已经逼近了美因茨和林堡。在法国，拥有千年历史的君主制刚刚被废除，路易十六被逮捕、审判，落下了叛国的罪名，并将于次年1月作为"公民路易·卡佩"被送上断头台。约瑟夫二世的妹妹玛丽·安托瓦内特自大革命以来一直在巴黎的监狱服刑，她另一个已故的哥哥曾自怨自艾，认为自己做人很失败，其中一个缘由就是没能成功营救妹妹（她于1793年10月被送上断头台）。

来自波恩的少年最终于1792年11月抵达维也纳。他与选侯之间的约定是，在返回波恩工作之前，他将由选侯资助，在维也纳生活和学习一段时间，具体时长不定（据推测，贝多芬对自己叛逃到英国的意图守口如瓶，以防计划失败）。12月，在贝多芬22岁生日两天之后，他得到了父亲去世的消息。更糟的是，原来父亲挪用了贝多芬特意为弟弟们准备的钱。贝多芬还发现，他原本指望从选侯那里拿到的、能让他在这个城市安顿下来的一年400弗洛林的津贴，最后只收到了第一季度的100弗洛林。到了第二年6月，由于选侯自己的经济状况日益糟糕，这项津贴基本没有了。在贝多芬离开18个月后，面对法国军队的进攻，马克西米利安·弗朗茨大公被迫逃离，法国军队很快就吞并了莱茵河左岸的领土，选侯对波恩以及毗连领土的统治宣布告终。一个时代走向了终结。波恩的大学被关闭，市场广场上种了一棵"自由之树"，《拿破仑法典》被采纳为民法，选侯回到了他的出生地维也纳。1801年，病得很重、身形异常肥胖的选侯在维也纳去世，享年45岁。贝多芬原本打算将自己的第一首交响曲献给他，因为正是选侯的任用才使他得以在这个行业学习，并成长为一名作曲家和演奏家，但这首作品还没完成，选侯就去世了。

* * * * * *

维也纳

虽然贝多芬手头拮据，但他有几封能将他推荐给一些有权有势的贵族的推荐信，还有作为钢琴家的才华这张无价的名片。他立即开始跟从海顿学习，但事情进展得并不顺利。这位著名的老作曲家很快就以一种打趣和讥讽的口吻称他为"蒙古大汗"，以此形容这位年轻学生的傲慢举止。虽然海顿很清楚他的学生在音乐上的才华，但他注意到贝多芬既缺乏训练，又缺乏对位的相关知识。贝多芬表面上彬彬有礼，但显然觉得自己无法从海顿身上学到多少东西，因为他的巅峰时期已然过去（贝多芬在这点上大错特错：海顿还有一些伟大的作品尚未创作出来）。无论如何，他代表的是一种贝多芬需要摆脱的音乐风格。

海顿婚姻不幸，没有孩子，他可能希望这个来自波恩的天才少年能把他当作父亲一样对待。贝多芬对父子关系不抱幻想，这当然情有可原，但不抱幻想，使他对二人的关系变化丝毫没有觉察。这种觉察力的缺乏悲剧性地贯穿了他的一生，直至生命的最后阶段，在他努力想要承担起侄子卡尔的父亲这一身份之时，也依然如此。海顿和贝多芬都没能意识到，在音乐上，海顿对他那不情愿的学生来说，确实是父亲一样的角色。他在欧洲拥有相当高的声望，这种声望给贝多芬投下深深的阴影，贝多芬一直渴望摆脱，却不知该如何做到。很多年之后，他才如愿以偿。

与此同时，这位老作曲家一直备受煎熬，但他真心为他的穷学生感到骄傲。在伦敦，海顿每节课赚的钱以基尼计算，而他的穷学生只能付他几个便士。他那高傲的学生在背后指责他，说他没有专心订正自己的练习，他认为这是老师的义务。事实上，海顿一心扑在音乐创作上，他此前曾承诺会带着为所罗门新一季的音乐会所写的作品回到伦敦。1794年1月中旬，他前往英国，贝多芬并未随行。

贝多芬那时的经济状况仍然很糟糕，他的住所也是如此，但他忍受了这一切，主要是因为他总是想象（毕竟那时他只有二十出头）一旦自己到了伦敦这个遍地都是黄金的地方，就能赚到很多钱。然而，随着这一计划的失败，为了跟从圣斯蒂芬大教堂的乐长约翰·阿尔布雷希茨贝格学习对位课程（这些课程比海顿的好不了多少），他集中精力争取贵族的资助。达到这一目的非常容易，不仅仅因为他是大名鼎鼎的海顿的学生，还因为他和马克西米利安·弗朗茨大公及瓦尔德施泰因伯爵等人的关系。但他真正的名片，是他轰动一时的钢琴演奏带来的声誉。他早期举办的所有音乐会几乎都不是现代意义上的公开音乐会，而是在贵族和显贵们的沙龙和音乐厅里举行的，只有少数独具慧眼的听众参加。这位身材矮小、皮肤黝黑、来自波恩的年轻煽动者，很快被公认为非同凡响的音乐家，贵族子女都来聆听他的音乐会，并恳求他给他们授课。

有意思的是，他的即兴演奏能力很快成为传奇。如果说这些

下页图
1805年洛布科维茨家族在维也纳的宫殿。文森兹·雷姆所绘彩色版画。
这位比贝多芬小两岁且同为音乐家的洛布科维茨亲王，成了贝多芬最
忠实也是最饱受折磨的赞助人之一。这座宫殿在1980年之前一直为
洛布科维茨家族所有，如今是奥地利剧院博物馆。

演奏含有好斗的成分，部分是因为这是他的特色，但也因为即兴演奏总是意味着挑战。实际上，这代表要当场创作一首曲子（主题通常由他的听众给出），确保他们听到一气呵成的演奏，同时还要加入大量的演奏技巧。作为欧洲事实上的音乐之都，维也纳到处都是来自哈布斯堡帝国的杰出音乐家，其中包括许多著名钢琴家，他们都有自己的拥护者。这是一个竞争激烈的音乐舞台，但并不总是充满善意。在洛布科维茨亲王宫殿的聚会上发生过一个著名事件。那时洛布科维茨是贝多芬的赞助人之一，他举办这次聚会是为了欢迎比贝多芬大13岁的伊格纳茨·普莱耶尔。普莱耶尔最新的四重奏演奏完毕后，亲王亲自请贝多芬演奏。贝多芬显然很反感，很不礼貌地走到钢琴前，途中抓起普莱耶尔上一个四重奏中第二小提琴手负责的乐谱，重重地倒放在钢琴的乐谱架上，开始即兴演奏。杰出的钢琴家卡尔·车尔尼做了如下描述：

> 人们从未听过他比今晚更出色、更有创意、更精彩的即兴表演。在整个即兴创作中，中声部贯穿始终，就像一根主线或固定旋律。音符本身完全无关紧要，这些音符是他在随手抓来的四重奏乐谱上随意翻了一页找到的。基于这些音符，他以最出色的协奏曲风格创作了最大胆的旋律与和声。可怜的老普莱耶尔最后只能通过亲吻贝多芬的手来表达他的惊叹。[1]

尽管贝多芬的钢琴演奏风格总是由于其惊人的技巧而受到称赞，但却并不总能受到喜欢维也纳乐派早期风格的人们的欢迎，这种乐派以莫扎特和海顿为代表。当时钢琴正处于快速发展的时期，乐器变化多样，与现代钢琴很少有相似之处，现代钢琴的音量要大得多，音域也更为宽广。在贝多芬的少年时代，古钢琴还只是零星的存在，他在波恩时的早期作品通常用大键琴演奏。到达维也纳时，他发现维也纳钢琴弹奏起来十分轻盈，几乎没有持续的力量。因此，这种钢琴发出的声音很快就会消失，这对较为肤浅或叮当响风格的快速演奏来说是好事，但对平稳持续的慢速乐段来说就不太好了。莫扎特曾因其音阶和过渡段的速度与清晰度广受赞扬，但莫扎特已经去世了——而众所周知的是，贝多芬曾抨击他的演奏"支离破碎"（1787年，贝多芬在短暂访问维也纳期间曾听过莫扎特的演奏）。贝多芬的专长——除了他的双颤音、急奏和跳进的速度无可比拟之外——就是他缓慢的连奏和丰富的音调。这不仅需要更好的乐器，还需要非同一般的技巧。贝多芬早期的钢琴奏鸣曲对强音和弱音的连奏有很高的要求，这极大地刺激了钢琴制造者生产更重、更有力、琴键和踏板更为灵敏的乐器。19世纪初，据说贝多芬赋予了钢琴"灵魂"。如果这意味着什么的话，那就是表明这种乐器正在快速发展，以满足更富表现力的音乐的需求，而这种音乐要在比沙龙大得多的音乐厅里才能听到。但即使在18世纪90年代，人们也注意到贝多芬在演奏慢速乐章时，常常会使他的贵族听众感动得潸然落泪。在他所处的时代，没有其他钢琴家能做到这一点。

贝多芬早期在维也纳的生活相对穷困，结交之人大多出身贫寒。有充分的证据表明，他很快与有革命和激进信仰的同龄人结为同道。毫无疑问，他们赞同罗伯斯庇尔提出的"自由、平等、博爱"这一激动人心的口号。攻占巴士底狱事件发生时，贝多芬18岁半，作为青年人，他受法国大革命影响的程度有多大一直备受争议。但这一点可能没有这个问题重要：他青年时期的理想主义，后来在这位成年作曲家身上延续了多少？它采取了什么形式？它对《英雄交响曲》的影响有多大？ 20世纪法国传记作家的观点通常介于作曲家樊尚·丹第和作家罗曼·罗兰之间，前者令人难以置信地声称贝多芬完全不受法国大革命及其进步思想的影响（考虑到贝多芬的年龄和背景，这是不可能的），后者则称贝多芬是真正的"法国大革命的儿子"。[2]

贝多芬刚到维也纳，就参加了雅各宾派一本诗集的公开签售活动。这本诗集（《斯特拉斯堡的马拉》）由欧洛吉乌斯·施奈德教授所作，贝多芬返回波恩时就认识他了，那时施奈德教授在波恩大学教授希腊文学。攻占巴士底狱显然激发了施奈德教授的思考，他的一首诗是这样开头的："哦，亲爱的断头台，你是多么受欢迎啊！"这句话很好地奠定了诗集的基调。

像布拉格一样，当时的维也纳吸引了各种过着半贫困波希米亚式生活的学生和艺术家，以及来自如今捷克共和国的真正的波

约翰·格奥尔格·阿尔布雷希茨贝格（1736—1809），圣斯蒂芬大教堂的乐长。贝多芬曾受教于海顿门下，后拜约翰·阿尔布雷希茨贝格为师。一年多时间里，阿尔布雷希茨贝格每周给贝多芬上三次赋格曲和对位法的课程。后来，他评价贝多芬是个固执之人，而贝多芬则嘲讽其作品为"音乐骷髅"。此画未署名，大约创作于1800年。

希米亚人，其中很多都是杰出音乐家。事实上，冲动的年轻人需要小心行事。法国最近的事态发展让整个欧洲的皇室感到震惊。无论某位专制者认为自己多开明，他仍然是专制者。巴士底狱陷落后的几天内，奥地利皇帝约瑟夫二世推翻了许多他先前支持的自由社会政策。有位名叫佩尔根的伯爵是个狂热的反动分子，他被任命为警察部长，从莫扎特的老赞助人、共济会兄弟戈特弗里德·凡·斯威腾男爵那里接管了审查工作。[3]在很短的时间内，报纸被审查，可疑的激进分子未经审判就被逮捕和监禁，甚至连共济会成员也受到威胁。1790年，当约瑟夫去世时，他的兄弟兼继任者利奥波德二世保留了他在恐慌中建立的警察部门。利奥波德在位仅两年就去世了，他的儿子弗朗茨二世继承了皇位，同样没有解散国家安全机构的意图。那时，奥地利人基本已经原谅了约瑟夫的过度改革，并满怀深情地回顾他的辉煌统治。

在奥地利这个庞大的帝国中，秘密警察的权力和所及范围相当大，即使是萨尔斯堡这样小的省会城市，长期以来也充斥着间谍。如果通信者被怀疑有哪怕很轻微的颠覆性观点，他们的信件就很可能会被偷看。和许多人一样，莫扎特和父亲在信件中提到政治敏感问题时，偶尔会使用私人密码。维也纳的情况更为糟糕，尽管首都表面上看起来专注于音乐创作和享乐。年轻的贝多芬很快就因政治上的固执态度和非传统的宗教观点而闻名，这一直持续到他生命的最后30多年。在1793年的一篇日记中，他在开头写道："尽你所能多做善事——爱自由高于一切。即使面对王权，也永远不要否认真理。"在余生中，他毫不犹豫地大声宣扬他所认为的真理，不偏不倚，无论是对国王、红衣主教还是酒吧里的陌生人。他会和任何愿意倾听的人分享他对政客和贵族的严厉抨击。然而，与其说这是革命者的言论，不如说这是一个固执己见的个人主义者的直言不讳，酗酒、受挫时的暴烈脾气以及对遵守着装规范和各种习俗越来越深的抵抗情绪，也常常助长这种直言不讳。这一点在与贵族打交道时表现得尤为明显，他对他们很亲热，但实际上压根不认同他们。

他对维也纳没有立即给他提供一个合适的带薪职位感到不耐烦，而这只会加深他对维也纳全体公民的反感。如果他知道自己注定要在这里度过余生，不停地更换住处，并且一有机会就逃离到周边乡村的话，一定会感到无比沮丧。他本质上是一个小镇男孩，在大城市从来没有真正的家的感觉。他很快就对奥地利人的革命可能性失去了信心，并在谈话和书信中对他们做出了严厉批评。1794年8月2日，他在给一位波恩的朋友、出版商尼古拉斯·西姆罗克的回信中说："只要奥地利人能喝上棕色啤酒、吃上香肠，他就不会参加革命。"他还怒斥道："该死的、肮脏的维也纳垃圾！"[4]在针对个人时，他则会说："肮脏的恶棍！齐齿的乌合之众！"[5]维也纳是一个拥有20万人口的城市，在他看来，城市中的大多数人不是贵族出身的纨绔子弟，就是来自哈布斯堡帝国各个角落的败类，全都致力于最低级和最轻浮的肉体享乐。相比之下，波恩（他一定对自己和别人说过无数次）完全不是这样，它是莱茵河畔一个安静、自给自足的城市，人口不足两万，有一位音乐素养上佳的选侯，还有杰出的宫廷管弦乐队和举止得体的人民——当然，他已故的父亲（他从不提他父亲的名字）则令人遗憾地被排除在外。尽管贝多芬注定要死于酗酒所引起的肝脏衰竭，但他仍然保留着一些明显褊狭甚至清教徒式的态度，尤其是在性方面。

从很早的时候起，维也纳警方就打开了这个颇为棘手的外国人的档案，因为他经常发表反宗教言论，还经常在沙龙酒吧里大肆攻讦当世名人。他习惯用德语词"Pfaffen"（意为牧师，贬义）来称呼牧师，而且信件里充满不敬之词，因此他的敌对者称他是个彻头彻尾的无神论者，尽管未来的"泛神论者"会成为更准确的描述。至于他的政见，贝多芬的第一位传记作家安东·申德勒[6]也许是正确的：贝多芬倾向于认为自己是一个共和党人。杰出的阿尔巴尼亚博学大师、著名学者范·S.诺利（1882—1965）描述得更为具体：

我们可以在贝多芬的作品中——有时也在我们几乎想不到的地方，比如业务书信和情书中——发现法国大革命的所有口号。要知道，这些口号都是对维也纳旧政权的诅咒，政府认为这些口号对国家政权来说相当危险，因此禁止公民使用。[7]

尽管危险重重，贝多芬的事业依然蓬勃发展，他作为演奏家和作曲家的成就越来越大，想必是受到了贵族导师们的充分保护。

1798年2月，法国政府派遣让·伯纳多特将军前往维也纳担任大使。此人年轻英俊，风度翩翩，是拿破仑在意大利战役中的副官，十分出名。维也纳的女士们为他倾倒，城市当局却无动于衷。他可能是大使，但却不是外交官。除了故意显示其帽子上的法国三色旗，将每个人都不偏不倚地称为公民外，他和随从们在剧院里听到有人大喊"弗朗茨皇帝万岁"[8]就会发出嘘声。伯纳多特热爱音乐，带来了法国一流的小提琴家鲁道夫·克罗伊策。当时，利赫诺夫斯基亲王是贝多芬的几个贵族赞助人之一，把贝多芬介绍给了伯纳多特和克罗伊策。据大家所说，这位争强好胜的作曲家和两个法国人相处得很好。伯纳多特带来了一批巴黎的革命音乐，这些音乐都是由梅于尔、勒·叙厄尔、戈塞克、卡泰尔和克罗伊策等作曲家创作的，贝多芬急切地学习了这些音乐。

贝多芬在波恩宫廷管弦乐队工作的时候，对其中一些音乐应该已经很熟悉，但还有很多是新的。这是庆祝露天活动和官方活动（通常是军事活动）的音乐，其风格的精髓在于激动人心，最好的例子是鲁热·德·利尔的《马赛曲》（*La Marseillaise*），这首作品气势恢宏，写于1792年法国对奥地利宣战后不久的斯特拉斯堡。最重要的是，它的定位是"人民的音乐"。任何过于"有学问"的东西，例如对位，都被清除了。相反，它强调的是易于记忆和哼唱的曲调，听众很容易就能学会，而且通常带有一定程度的类似共济会式的庄严气象。[9]1860年后，类似的定位也被用于英格兰教堂的《古今圣诗》（*Hymns Ancient and Modern*）——此类作品音域狭窄，有着简单的门德尔松式和声。看到贝多芬1823年以席勒的《欢乐颂》为歌词创作《第九交响曲》时使用的曲调，人们可能不会觉得太奇怪，因为他受到了法国革命音乐的影响。

伯纳多特将军的任命注定无法超过三个月。他于4月份便被召回了，因为他的革命热情太过火，在下榻的酒店升起法国三色旗，引得一群维也纳爱国民众向酒店投掷石块。这又反过来导致伯纳多特浮夸地挥着剑，扬言要杀掉这群"暴民"（之前还是"公民"）。当民众点燃法国国旗时，皇帝的骑兵分遣队救了他。

1799年11月，拿破仑发动政变，推翻了日益腐败和无能的督政府，以执政府取而代之，并以真正的罗马风格任命自己为第一执政官。1800年的马伦哥战役是他征服哈布斯堡王朝的决胜战役，把奥地利人赶出意大利，极大地巩固了拿破仑的卓越地位。1800年的维也纳，贝多芬和许多有思想、有政治意识的人一样，很容易预见在短短几年内，整个中欧可能会落入法国的统治之下，谁知道这场统治会持续多久呢？当然，拿破仑在军事上似乎无人能敌。

这种不确定的政治前途，可能会使贝多芬担心自己在维也纳找不到一份稳定的有薪工作。诚然，他已经获得了一批贵族赞助人的慷慨支持，即使他们需要面对他偶尔的粗鲁无礼：这是对他们音乐

卡尔·利赫诺夫斯基斯基亲王之画像，画家不明。卡尔·利赫诺夫斯基斯基亲王是维也纳主要的音乐赞助人。他曾是莫扎特的学生，也与莫扎特同住在共济会会所。他与年轻的贝多芬结识并成为朋友，还帮他安排跟从海顿以及阿尔布雷希茨贝格学习的事宜。1806年，利赫诺夫斯基与贝多芬发生激烈争吵，之后双方未能完全和解，直至1814年亲王去世。

鉴赏力的一种赞扬。这些赞助人包括约瑟夫·洛布科维茨亲王、戈特弗里德·凡·斯威腾男爵、卡尔·利赫诺夫斯基亲王，以及安德烈亚斯·拉祖莫夫斯基伯爵。这些绅士去世后应受到历史的感激，因为他们非常有眼光。尽管贝多芬蔑视他们的社会地位和他们所处的城市，他们仍然迁就、纵容并通过委托工作在经济上支持他。但就像古往今来的大多数艺术家（以及其他所有人）一样，贝多芬真正想要的是有固定收入作为经济保障。他对理想的艺术家生活心存一种单纯的幻想，幻想那时整个世界有且只有一个艺术部，艺术家可以拿他的作品去换他所需要的钱。[10]在作为移民的贝多芬赖以谋生的城市，这种乌托邦式的梦想很难与流行的赞助人制度相吻合。

在新世纪的头两三年里，他开始悄悄计划移居巴黎。因为他认为，相比维也纳而言，移居法国首都不仅是一种地位的提升，而且对他的职业生涯来说可能也是明智的选择。除此之外，贝多芬还雄心勃勃地希望他的作品能在国外发表。这时他已经有了一个年轻的学生，同时也是他的崇拜者——费迪南德·里斯。作为免费授课的交换条件，他负责担任贝多芬的非正式代理人，职责之一就是与外国出版商联络。1803年8月6日，里斯给波恩的出版商西姆罗克写信说，贝多芬决定搬到巴黎，只在维也纳再待18个月。里斯对这个计划感到沮丧，承认曾半开玩笑地给了贝多芬很多暗示，希望自己能作为贝多芬的"学生和财务经理"和他一起去。可以肯定的是，贝多芬在告诉里斯之前，已经对这一激进的举动深思熟虑一段时间了。

种种事件表明，在可预见的未来，法国在欧洲的影响力只会与日俱增，因此贝多芬显然认为可以利用"巴黎未来很可能成为欧洲中心"这一点大做文章。毕竟，他的音乐已经为巴黎的音乐爱好者熟知，那里的音乐商店也出售他的作品。他的《第一交响曲》已经在那里演奏过，也许《第二交响曲》也一样。这两首作品都很讨人喜欢，不同寻常得恰到好处，又没有过于咄咄逼人的"现代性"。然而，贝多芬可能高估了法国人对他管弦乐的接受程度，因为《英雄交响曲》直到问世22年后的1825年才在巴黎首度上演，与前两部交响曲相比，未免有些黯然失色。

多年以来，贝多芬显然一直在认真考虑写点什么东西，即使不是为了献给拿破仑，也一定受到了他的启发。1802年，他开始构思一部交响曲，但为了完成其他作品，把它先放在了一边。1803年年初，贝多芬决定以两部新的巨作（一部歌剧和一部交响曲）作为自己去法国的名片。歌剧他已经在创作，而交响曲就是《英雄交响曲》。那年夏末，贝多芬完成了《英雄交响曲》，里斯在10月22日给西姆罗克的另一封信中写道，贝多芬最近用钢琴给他弹奏了这首曲子，很想把它献给波拿巴。从那以后，贝多芬把注意力转向其他事情，包括上面提到的那部歌剧。里斯说，这部歌剧用德语加以改编，以法国剧作家琼·尼古拉斯·布约利的拯救歌剧《莱奥诺拉，或者夫妻之爱》（*Léonore, ou L'amour Conjugale*）为背景，而这部剧作的情节早就被其他作曲家采用过。

拯救歌剧是凯鲁比尼的《洛多伊斯卡》（*Lodoïska*）开创的一

种流派，这部歌剧于1791年7月在巴黎首演时就广受称赞。此类歌剧中总是有奴役他人的邪恶暴君和被锁链束缚的无辜者，后者最终会在故事达到高潮时获得自由。在革命时期的法国，这类歌剧非常受欢迎，因其结合了爱国主义、理想主义和清除旧政权的愿望。自由和正义取得胜利的想法，无疑对贝多芬很有吸引力，他认为这种体裁的流行将确保他的歌剧获得成功。毕竟，布约利还写过凯鲁比尼《两天》（*Les Deux Journées*）的剧本，这部作品曾在维也纳风靡多年。里斯估计老师贝多芬可能需要18个月才能完成歌剧创作，因此觉得自己很有希望在第二年年底或1805年年初陪他去巴黎。歌剧最初叫《莱奥诺拉》，但很快改名为《菲德利奥》（*Fidelio*）。这部完成于1804年年初的作品给贝多芬带来了很多麻烦，而且早已被维也纳剧院购买。这时，歌剧的主题被解读为对面临拿破仑威胁的泛日耳曼主义的支持，而不是对哈布斯堡王朝的颠覆。

贝多芬早在1803年夏天创作《英雄交响曲》之前就考虑过叛逃巴黎，而且众所周知，他早期对法国革命及其名誉领袖拿破仑·波拿巴的共和主义满怀同情。基于这些因素，人们该如何评价法国对交响乐的影响？人们有理由怀疑，贝多芬在20多岁时拥有的革命热情已经大大改变，而且可能已经搁置了移居巴黎的计

弗朗兹·约瑟夫·洛布科维茨亲王，贝多芬的三位贵族赞助者之一。赞助者曾一致赞同给贝多芬支付津贴以保障其衣食无忧，直至1810年，由于拿破仑战争的影响，奥地利通货膨胀，生活成本飙升，洛布科维茨长期拖欠贝多芬的津贴，而他本人也近乎破产。该肖像画为奥古斯特·弗里德里希·奥伦海恩斯原作之匿名油画复制品。

划，因为他在维也纳有音乐活动，而且此时严重的耳聋给他带来许多痛苦。一年前，也就是1802年的春天，他给一个出版商——作曲家弗朗茨·安东·霍夫迈斯特写了一封具有决定性意义的信，这无疑非常重要。那时，弗朗茨·安东·霍夫迈斯特刚搬到维也纳，并且已经出版了《悲怆奏鸣曲》（1797—1798）。

显然，霍夫迈斯特和其他人曾建议贝多芬创作某种革命的或波拿巴主义的奏鸣曲。就在一年前，奥地利的弗朗茨二世、神圣罗马帝国的皇帝，在马伦哥战败后与法国签订了《吕内维尔条约》（ *Treaty of Lunéville* ）。从此，奥地利帝国被迫做出了一系列屈辱的领土让步。霍夫迈斯特大概是想利用奥地利人对拿破仑未来举措的关注（或者说担忧）来大赚一笔，但贝多芬对此毫无兴趣。

维也纳，1802年4月8日

让魔鬼掌控你们吧，先生们——什么？建议我写一首那样的奏鸣曲？在革命的狂热时期——好吧，这也许值得考虑。但现在，在一切都试图回到老路上，而且波拿巴已经与教皇达成协议之时——写一首那样的奏鸣曲……？在这个新基督教时代的开端？哈哈！别把我算在内，因为那不会有什么结果。

这个宗教讽喻是指1801年7月拿破仑与教皇庇护七世达成的协定，它旨在推翻法国革命颁行的一项法令，即教会和国家应是分离的实体。尽管到1809年，贝多芬早已放弃出国的计划，但拿破仑的弟弟杰罗姆·波拿巴准备请贝多芬担任威斯特伐利亚的乐长一职。贝多芬根本没有认真考虑过这个问题，但与赞助人打交道时，他确实巧妙地利用了这个提议，来支撑他对年金的要求。他最终从鲁道夫大公、洛布科维茨亲王和金斯基亲王那里得到了他想要的东西：他们答应给他终身年金，只要他承诺留在维也纳。而他也应允了，而且在那时满心感激。

但是，回到1802年4月，根据他几个月后为波拿巴交响曲所作的早期草稿来看，他在音乐上的意图似乎更为宏大，较少将目光放在当时的政治局势上。波拿巴的形象很可能经过贝多芬的想象加工而成，加工后的形象基于这样一个人：他把法国大革命的平等主义和世俗理想传播到了整个欧洲，甚至是全世界。如今与梵蒂冈达成协议，恢复教会令人窒息的霸权的这个科西嘉人，不再是贝多芬心中的波拿巴。长期以来，法国军队一直控制着他心爱的出生地波恩以及先前德国的莱茵河左岸，威胁着维也纳和哈布斯堡王朝。那么他现在站在哪一边呢？贝多芬绝不是唯一一个面临这种窘境的人：欧洲一半的知识分子都需要面对这种困扰（第七章将讨论这一话题以及《英雄交响曲》的献辞）。在贝多芬创作这首极具开拓性的交响曲时，任何关于"拿破仑对贝多芬而言意义何在"的理论假想，都会因为他在心中把这位法国征服者与另一位英雄——神话中的普罗米修斯——混为一谈而变得更加混乱。

1812年，拿破仑·波拿巴于杜伊勒里宫的书房中，由雅克－路易·大卫所画。据画家所言，该肖像画意为展示皇帝在一个不眠之夜起草《拿破仑法典》（可在书桌上看到）后，略微衣冠不整之状。燃烧的蜡烛以及时钟表明时为黎明时分，座椅上的宝剑展露其军事才干。

* * * * * *

普罗米修斯

在希腊神话中，普罗米修斯是人类神圣的帮手，尽管他好坏参半。他从主神宙斯那里盗走火种，并把它送给人类。当心带着礼物的希腊人（正如维吉尔曾明智警告的那样），因为事实证明，火也是一种好坏参半的事物。从表面上看，火是一种福音，能带来光和热，但它迟早也会带来能够奴役全人类的毁灭性技术。宙斯对这一偷窃行径大发雷霆，并对普罗米修斯处以双重惩罚。他创造了第一个女人潘多拉，向人类传播灾难，潘多拉利用她那装满各种邪恶的魔盒（实际上就是一个瓶子）巧妙地完成了任务。之后，宙斯把普罗米修斯绑在高加索山的一根木桩上，让一只老鹰定期飞来啄食他的肝脏。在老鹰的两次造访期间，他被吃掉的肝脏就会再生，他因而生不如死。

我们不难看出为什么这个神话对贝多芬的影响如此之大。至少从1800年起，他就被迫面对日益严重的耳聋，而且他的耳聋是永久性的，再也无法逆转。他尽最大的努力保持一种勇敢、乐观的心态，认为某个医生开的某个处方可能会奇迹般地奏效。但在心里，他一定已经明白这毫无用处，他必须让自己屈从于这样一种未来：他不能再作为一位受人崇拜的演奏家谋生，只能靠作曲维持生计。就像普罗米修斯的肝脏一样，他的耳聋似乎能自我延续，注定会给他带来持久的痛苦。

1800年，当他应邀为一部名为《普罗米修斯的生民》（*The*

贝多芬写于1801年的钢琴总谱扉页，该总谱为上一年度芭蕾舞曲《普罗米修斯的生民》所作，纸上附有其字迹潦草的说明。贝多芬的管弦乐乐谱很显然地指向《英雄交响曲》，但芭蕾舞曲本身并非成功之作，尤其是作为交响曲终曲主题的那一小段。

Gli Uomini di Prometeo

BALLO

per il Clavicembalo o Piano-Forte

Composto, e dedicato

a Sua Altezza la Signora Principessa

LICHNOWSKY nata CONTESSA THUNN

da

Luiggi van Beethoven

Opera 24

In Vienna presso Artaria e Comp.

872

Creatures of Prometheus）的芭蕾舞剧创作管弦乐时，他大概只是把它当作又一项有偿委托来接手。但这项委托却相当重要，因为这部舞剧是著名芭蕾舞大师萨尔瓦多·维加诺为维也纳城堡剧院打造的。但是，当他创作这首冗长的配乐（足足有一小时）时，普罗米修斯传说中那种永久承受苦痛的英雄形象，必定与他自己的困境，甚至与经他理想化但前后矛盾的对拿破仑·波拿巴的身份认同，有着惊人的相似之处。拿破仑不也是自由之火的使者吗？不正是他高举伟大的火炬，将之作为礼物送给人类的吗？难道这种自由不是从之前统治欧洲的君主和教皇这种神一般的人物那里偷来的吗？没错，他之后肯定会为此付出代价：在希腊神话中，倨傲狂妄总要受到惩罚。但礼物已经送出去了，人类自由的秘密已经公开，而且永远不可能再被收回。

更进一步说，为什么贝多芬没有将自己视为波拿巴精神的追随者？他的音乐带来了火种与光明，表明人类的手足情谊将会获胜。他被拴在自身命运的岩石上，可能会不断受到折磨，但就像普罗米修斯一样，他拥有不可战胜的意志。至少这一点永恒不变：贝多芬从未失去信念，坚信自己的音乐终将取得胜利，也坚信它们能够向全人类传递信息。

把如此细节化的意图归因于任何人，都不免显得异想天开、不切实际，更不用说归因于一个在200多年前的政治动荡时期从事抽象艺术工作的天才。然而，有力的证据表明，至少贝多芬的缪斯女神察觉到了这种相似之处。不幸的是，维加诺的普罗米修斯芭蕾舞剧最初的编舞没有流传下来，所以我们只能猜测这16场芭蕾舞的舞台效果。毋庸置疑的是，这首芭蕾舞曲对《英雄交响曲》非常重要，而后者渐渐占据了贝多芬大脑的另外一部分。这两首作品之间有显著的相似之处，迄今为止由最齐全的管弦乐队演奏的所有惊人音效和特技，全都出现在《英雄交响曲》中。例如，芭蕾舞曲中使用的三种号，在《英雄交响曲》的谐谑曲三重奏中再次出现，令人印象深刻；切分音的使用；与他同时代的法国人运用鼓和喇叭对军乐乐段产生的影响等。

然而，尽管（也许是因为）贝多芬的乐谱庞大而复杂，芭蕾舞曲《普罗米修斯的生民》未能取得成功。有个叫J. C. 罗森鲍姆的人参与了排练，他随后写道："这出芭蕾舞剧一点也不受欢迎，音乐也好不到哪儿去……到最后，这出芭蕾舞剧与其说获得了掌声，不如说获得了嘘声。"[1]那时，海顿已经结束了对英国的第二次访问，回到维也纳。自从1798年他的清唱剧《创世纪》（*Die Schöpfung*）取得巨大成功后，这位作曲家就声名远扬，人们总是亲切地称他为"海顿爸爸"。他去看了一场芭蕾舞表演，大概是想看看他那出色但难以相处的学生在他离开期间都做了什么。第二天，贝多芬在街上遇到了他以前的老师。据罗宾斯·兰登的记叙，海顿拦住贝多芬说：

"昨天我听了你的芭蕾舞曲，我非常喜欢。"贝多芬回答说："哦，我亲爱的爸爸，您真是太好了，但是这离成为《创世纪》还差得远。"海顿对这个回答感到惊讶，几乎有点生气，他沉默片刻后说："的确如此，它不是《创世纪》，而且我非常怀疑它能否成为另一个《创世纪》。"两人都有点尴尬，向对方告别。贝多芬过去常用"造物"（Geschöpfe）和"杰作"（Schöpfung）这两个词来奚落他以前的老师，但这个文字游戏在英语中并不成功。即便不用上述两个词，这种无礼也一定会使彬彬有礼的海顿大吃一惊。两人的关系从此恶化到无法挽回的地步，从我们掌握的书面证据来看，贝多芬显然是希望与海顿撇清关系，而不是试图缓和。[2]

从兰登的叙述很难看出贝多芬的话里有什么冒犯之处。尽管这位伟大的海顿学者做了注解，但贝多芬有个持续一生的习惯，那就是使用粗俗而欠妥的双关语。很长时间以来，他随心所欲的文字游戏都曾在无意中冒犯别人，这既不是第一次，也不是最后一次。然而，无论他对自己备受赞誉的前教师取得的国际性成功心存怎样的嫉妒，他笨拙的即兴攻击都不可能是故意的嘲弄。鉴于海顿很清楚这位"蒙古大汗"在社交上的笨拙程度，这似乎也不太可能让他生气。

遗憾的是，虽然芭蕾舞剧的序曲经常被演奏，但其余音乐对大多数常常去听音乐会的人来说仍鲜为人知，即使他们能立即识别终曲中的最后一曲。贝多芬重复使用了他刚刚为十二首行列舞曲（WoO 14）中的第七首写的曲子，这可能起源于他在波恩早期的钢琴四重奏。*开头的小提琴的曲调是这样的：

★ 见第二章，第28页。

　　在芭蕾舞曲的终曲中，贝多芬用对比手法演奏这首简单的曲子，仿佛这是他编排的一小段钢琴的乐队版本。这个曲调一定对他具有特殊意义，因为芭蕾舞结束之后，他又再次直接使用这个曲调，这次应用于一套包含15首变奏曲和一首钢琴赋格曲的作品。从某种层面上说，这是贝多芬作为演奏大师的一种证明，因为这是一份包括双手交替演奏、指尖在琴键上快速跳跃和华丽间奏的钢琴技巧的浓缩。在本例中，这个曲调第一次出现在最上面一行：

在另一个层面上，这些费力的变奏显然是在为《英雄交响曲》的终曲做试验，后者基于同样的曲调、节奏和声调，但有更强的创造性和更好的赋格曲等。事实上，这两者的形式在音乐史上都是独一无二的。在此前或此后，从未有过一组钢琴变奏曲不是以主曲，而是以一个单调的只有16小节的低音线作为开始：

此后，这一孤零零的主线开始聚集伴奏声部，直到进入最后对主题的阐释。这部交响曲的终曲也以同样的方式开始，只不过这次在67个小节之后，人们才能听到完整的普罗米修斯的曲调。这一成为交响曲终曲的主题如此出名，以至于早期的钢琴作品如今被称为"英雄变奏曲"（Op. 35），而不是"普罗米修斯变奏曲"。这首曲子的音乐意义在于，它几乎可以无限发展和细化。当然，它最早的版本只是一首小小的舞曲，没有任何迹象表明它有成为宏大交响曲终曲的可能。

与芭蕾舞曲不同的是，钢琴变奏曲很受欢迎，所以这些变奏

1802年钢琴作品《英雄变奏曲》的手稿。此曲从两年前的芭蕾舞曲中发展而来，所以，变奏曲的主题应为"普罗米修斯主题"。但贝多芬在第二年又一次将其用于《英雄交响曲》的终曲，这使后续的音乐联想令人难以忘怀。终曲展现了作品在变化繁复的赋格曲结束之后，突然进入对主题的平静重述。

Andante con moto

曲一定具有非凡的独创性。尤其是10号变奏曲，它以其主题的印象派片段和一反往常的音调上的惊喜，栖息在一个类似《迪亚贝利变奏曲》（*Diabelli Variations*, Op. 120）的世界里。这部作品写于大约20年后。一位评论家于1804年2月22日在备受尊崇的莱比锡周刊《大众音乐日报》（*Allgemeine musikalische Zeitung*）上对《英雄变奏曲》长篇大论地赞赏道：

> 无穷无尽的想象力，独创的幽默和深沉、亲密甚至激烈的情感，造就了贝多芬先生几乎所有作品的独特个性。这使他在一流的器乐作曲家中名列前茅。他最新的作品尤其体现出他对保持特立独行，并将最大的自由与乐句划分的纯粹性以及对位的优雅相结合这一艺术手法的关注。这位作曲家的所有特点都在这部作品中得到了明显的体现。即使它的整体形式与通常大不相同，也足以证明他毋庸置疑的天才。[3]

当然这种"大不相同"是一种前所未有的想法，即在没有立即说明要改变主题的情况下，开始一系列的变化。或者更确切地说，没有任何音乐评论家能确定这是贝多芬做的。出奇单调、赤裸的低音线，慢慢聚拢为和声的外衣，直至最后被其完全包裹，呈现普罗米修斯主题的曲调。直到今天也没有人能确定这究竟是不是真正的主题。

就普罗米修斯这则神话本身而言，那些受过古典教育、与贝多芬同时代的人，在几年后听到这首交响乐时，会很容易发现两者的相似之处。当时许多人确实回想起看过那出芭蕾舞剧，并意识到交响曲四个乐章中的象征元素，依次勾勒出了斗争、死亡、重生和神化的顺序。至于这个主题对作曲家的内在意义，如今我们很难不把普罗米修斯的创造力和受罚遭遇看作多重隐喻。对贝多芬来说，当时的政治斗争与他对拿破仑·波拿巴和整个法国的看法的转变密切相关。至于他自己，最重要的是和耳聋苦苦斗争。这可能还和他的拯救歌剧《菲德利奥》有关，当时这部歌剧一直萦绕在他的脑海里。一个囚徒被从黑暗的地牢里带到明亮的阳光下，这是一个完美的普罗米修斯式动机。在更隐性的层面上，还有他作为一名作曲家的努力，他努力在旧音乐的牙缝中创造出一种新的音乐，更不用说他为了最终走出"爸爸"海顿的阴影所做的努力。

《英雄变奏曲》创作于贝多芬生命中最绝望的时刻，令人惊奇的是，这组作品的创造力和幽默感丝毫没有流露出这一点。贝多芬的新医生约翰·施米特曾敦促他不要让自己的耳朵在大城市的喧嚣中受干扰，让他隐居到乡村去。于是，1802年夏天，贝多芬在海利根施塔特定居——那时候，这是维也纳以西一个美丽的小村庄，可以看到地平线上从多瑙河到喀尔巴阡山脉的景色。他住在一间农舍里，从那儿可以看到屋后一条幽静的山谷，景色一览无余。事实上，这正是他后来创作《田园交响曲》时走过的山谷。

然而，尽管周围的环境很平静，但生活的重大危机还是不断向他袭来，甚至在他创作钢琴变奏曲的时候依然如此。问题在10月初达到顶峰，当时他潦草地写下一份绝望的文件，也就是今天人们所知的海利根施塔特遗书。在这份当时被看作遗书的文件中，他声明将他的两个兄弟确立为共同继承人。这是他发自内心的呼声：时而自怜，时而顺从，时而装腔作势。即便到了今天，在读到这份遗书时，人们也不可能不被贝多芬为自己在家人和朋友面前表现得难以相处、忧郁和厌世而道歉时的沮丧所感动，虽然他一直不敢透露原因。这是他内心最深处的秘密：他要聋了。

显然，贝多芬在1796年左右就意识到自己的听力有问题，当时他只有25岁，正处于钢琴家生涯的巅峰时期。直到四年后，1800年6月1日，在写给维也纳密友卡尔·阿门达的一封感人而亲密的信中，他才第一次承认了这一点。又过了两年，耳聋不可逆转地恶化了，他在海利根施塔特遗书里向弟弟们倾诉衷肠。贝多芬在信中说自己只有28岁，而实际上他已经快32岁了（他总是搞不清楚自己的生日，因为父亲约翰过去常常随意把他的年龄减去几岁，使他看起来更像一个有市场的"神童"）。他在遗书中的倾诉是一种可怜的忏悔，仿佛他犯了罪："对我来说，与人交往，得体的交谈，相互交流是不能让我放松的。只有在绝对必要的时候，我才能与人交谈。我必须像一个流亡者一样生活。"他继续写道：

海利根施塔特遗书的第一页。标题为"献给我的兄弟卡尔和　贝多芬"，这是一份介于遗书与忏悔书之间的情感激昂的文件。不知何故，贝多芬一生都不愿对最年幼的弟弟尼古劳斯·约翰直呼其名，因此在他的姓氏之前留下空白。虽然文件的标题如是，但贝多芬一向以对待自己亲朋好友般的方式对待所有人。

"如果我走近人们，就会有一种强烈的恐惧感，我害怕把自己置于危险之中，怕人们会因此发现我的境况。"他就这样连篇累牍地讲着，乱糟糟的标点符号暴露出他缺乏最起码的基础教育。这封信的落款是"海利根施塔特（原文为 Heiglnstadt），1802年10月6日。"四天后，他又增添了更令人心碎的遗嘱附录：

　　海利根施塔特，1802年10月10日。我要向你们告别了——遗憾的是，我带到这里来的那份虔诚的希望，那份我至少可以被部分治愈的希望，现在必须完全放弃了。它像秋天的落叶一样枯萎了。我几乎刚到这儿就又要离开了。甚至在美好的夏日里常常激励我的那种勇气，现在也已经消失不见。哦，上天！给我一天纯粹的快乐吧：我已经很久没有听到内心真正快乐的回声了。哦，不朽的精神！什么时候，哦，什么时候我才能再次在大自然和人类的圣殿中感受到它？再也不会了？不——哦，那太残忍了。

　　无论怎样，这都不算是正统天主教徒的虔诚祈祷。没有向圣母玛利亚或者圣人的恳求，甚至上帝也被去基督化为"上天"。再加上"圣殿"这个词，这种语气让人回想起他从前的老师克里斯蒂安·内弗和他共济会的朋友们在波恩时期（即他青年时期）的用法。海利根施塔特遗书读起来几乎是自杀遗言。当然，贝多芬并没有自杀，尽管他承认"只要再多一点点，我就会结束我的生命，是艺术挽救了我。啊！我似乎不可能离开这个世界，直到我创造出我觉得自己能创造的一切，于是我继续过着悲惨的生活……"这是一个人直面人生最低谷的记录，他意识到自己无法被治愈，他天生的社交无能因失聪而变得更加糟糕，他注定永远被人误解，永远找不到伴侣，他确实是孤独的。人们不禁要想，多年以后，当他在创作《第九交响曲》的合唱终曲，为席勒《欢乐颂》中的以下诗句谱曲时，是否会感到痛苦的讽刺：

> 无论谁获得一位心爱的妻子，
>
> 都让他来一同欢呼吧！
>
> ……
>
> 若他从未步入婚姻，
>
> 就让他含泪溜走吧！

但那时他一定早已听天由命了，尽管之前他有过一连串不切实际的浪漫幻想，但他注定直到死去都是单身。

海利根施塔特遗书无疑是一份悲剧性的文件。然而，即便如此，现代读者也很难理解为什么贝多芬会把耳聋当成如此深刻的耻辱。也许这更像是对耳聋这一结果的逃避：这是一种讽刺，一个音乐家失去了他最宝贵的资本；他公开表演生涯的终结；预见到来自对手的宽宏大量的怜悯，不如他的人会成为众人瞩目的焦点，而他却不得不离开。然而，这篇"自白"的语气，与20世纪因为性取向成为社会弃儿的那些人在自杀遗书中流露出来的语气十分相似（"害怕把自己置于危险之中，怕人们会因此发现我的境况"）。可以想象的是，在贝多芬所处的时代，医疗手段并不可信，庸医、流行病、终身残疾和过早夭亡比比皆是。因此，他的耳聋很可能得到了人们的理解和同情。毕竟，一段时间以来，他一定已经知道自己的演奏变得越来越不准确。他偶尔会瞥见人们尴尬迟疑的表情，而这些人曾经如痴如醉，泪流满面。但他的生活提供了充足的证据，证明他有多么不善于判断人们的反应，对自己和他人都知之甚少。他错估的不仅仅是他的双关语：他根本没掌握什么关于普通人际关系的基本知识。贝多芬完全无力应对他那势不可当的天才，耳聋却使他和这种天才越来越接近。

然而，在某种程度上，海利根施塔特危机一定是一种宣泄，因为贝多芬真正的普罗米修斯式的创造力从未减弱。1802年夏天，他一边忙于这套钢琴变奏曲的创作，一边在为创作一部宏大的新交响曲而冥思苦想。贝多芬为之后的《英雄交响曲》所写的大量草稿给人们提供了一个引人入胜的视角，人们因此得以了解他对最终版本的不断探索。在海利根施塔特，他为前三个乐章打下草稿，但似乎并不在意最后一个乐章，想必他已经决定用一套管弦乐变奏曲和赋格曲，而两者的主题都是"普罗米修斯"。在他的脑海中，这个乐章的轮廓可能已经足够清晰，因此不需要在这个阶段进行粗加工。显然，降E大调将决定整个交响乐的音调。事实证明，他从未用过最初的这些草稿，它们只是他艰苦创作的一部分。随着一个又一个想法变得越来越清晰，他慢慢构思出所有的杰作。海利根施塔特的秋天过后，他搁置了这项工作，把它牢牢放在心里。

一年中最好的时光就这样过去了，而他的工作节奏十分稳定，完成了《第二交响曲》、三首小提琴奏鸣曲（Op. 30）、三首钢琴奏鸣曲（Op. 31）、一部不成功的清唱剧《基督在橄榄山上祷告》（*Christus am Oelberge*）以及许多其他作品。1803年夏初，鉴于他一直想摆脱维也纳的尘事和喧嚣，回到乡下，他便又租了房子，这次是在上德布灵，离海利根施塔特不远。他勇敢地接受了自己的命运，带着新的速写本，开始认真创作这部交响曲。在此期间，他一定思考了很多，并且对这部作品的走向有了更清晰的认识。在某种程度上，这部作品已经围绕着一个计划展开，他可能无法用图示说明，但这个计划在他的心中显然已经大体成形：部分是波拿巴和英雄主义所定义的那种自命不凡，部分是他对苛刻的缪斯女神重燃的献身精神。

* * * * * *

谱写交响曲

在将传记细节和一件艺术作品擅自联系在一起这条路上，一个人该走多远呢？长久以来，某些传记作家，尤其是现代作家，在创作过程中会倾向于试图走进"贝多芬的思想"。激发他们产生这一想法的原因通常是贝多芬的手稿，以及其他一些他当年精心保存的文档。像海顿、莫扎特，尤其是巴赫这样的老作曲家，多半会使人免于这一番联想，因为他们留下有关作品构思的材料较少，就算有，更多也是关于商业委托人。对人们情感状态的迷恋，是浪漫主义时期一个非常典型的现象，贝多芬同时代的作曲家兼作家E. T. A. 霍夫曼就是一个很好的例子，他写下了很多与贝多芬有关的乐评，其中最有名的与《第五交响曲》有关。面对这样"一首伟大无比的作品"，霍夫曼如此开始了他的狂热表达：

> 这首美妙的乐曲是如何将听众带入无穷的精神境界里，让人无法抗拒呢？这一乐章的特征，即它所包含的忧虑和充满不安的渴望，在悠扬的副调中体现得更加明显。听众胸中有一种压迫感，他们被一种骇人的、具有毁灭性和威胁性的暗示吓得喘不过气来。[1]

压抑的胸脯和痛苦的喘息让人联想到亨利·富塞利的画作《梦魇》（*The Nightmare*，1782）和浪漫主义初期整个腐朽的世界。谁知道它与贝多芬的创作过程是否有丝毫联系？这种评判音乐的特殊方式，是西方文学史上一些糟糕透顶的华丽篇章的滥觞，其中许多华而不实之词都指向同一交响曲。最臭名昭著的例子也许无过于E. M. 福斯特的小说《霍华德庄园》（*Howards End*）第五章中关于伦敦女王大厅一场表演的描写。福斯特的评论以一句平淡乏味而又无法证实的断言开始："人们普遍认为贝多芬的《第五交响曲》是人类听过的最崇高的杂乱之音。"在接下来的描述中，他没有交待任何与之相关的信息，却讲述了布卢姆斯伯里时期对音乐一窍不通的英国中产阶级生活的方方面面。我们从慢速乐章的结尾开始：

在此，贝多芬甜蜜地哼着小曲儿，然后他说"哎呀"，行板到了结尾……海伦轻声对她阿姨说："现在要演奏的是美妙的乐章：首先是小妖精，然后是三只跳舞的大象……留心那些你以为已经和小妖精无关的地方，他们会回来的。"这时音乐开始了，一个小妖精在宇宙里从头到尾静静走了一遍，其他小妖精紧随其后。他们并非好斗的生灵，但这也正是海伦觉得他们可怕的原因。他们只是顺便观察了一下，发现世界上根本没有所谓的雄伟或英雄主义。幕间表演——大象跳完舞之后，他们又回来进行第二次观察。海伦无法反驳他们，因为无论如何，她有过同样的感受，也目睹过可靠的青春之墙倒塌。恐慌！空虚！恐慌！空虚！小妖精们是对的。她哥哥举起手指，这是鼓声敲出的过渡乐节。事情好像发展得太过分了，所以贝多芬抓住了小妖精们，让他们做他想让他们做的事。他亲自现身，轻轻推了他们一下，他们便开始按照大调而不是小调行走，然后——他用嘴巴吹了吹，他们就散开了！一阵罡风吹过，神与半神手握宝剑决斗，色彩与香味在战场上播撒开来，辉煌的胜利，壮丽的死亡！啊，这一切都在那位姑娘面前爆发了，她甚至伸出戴着手套的手，仿佛那东西是实实在在的。任何命运都是艰巨的，任何比赛都是可取的，无论是征服者还是被征服者，都会得到天上点点繁星般的天使们的赞许。

小妖精，大象，半神半人，天使。作为一个有成就的作曲家，霍夫曼自己肯定永远不能像他描述的那样操纵这群生物，但是，作为一个在让·保罗的小说里长大的浪漫主义作家，他的语言无疑充满了音乐能唤起的情感，而且总不免有过度炫耀之嫌。这种创作音乐方式的一个缺点是，这些作者几乎不可避免地会把自己的反应与作曲家的意图混淆起来。

把贝多芬称为现代意义上的第一个天才自有道理所在。在此之前，像莫扎特这样的杰出艺术家只是天赋异禀，与生俱来的才华附着于他们，却并未融入他们的本质。在霍夫曼的著作中，唯一的天才是这样定义的：一位杰出的艺术家需要通过自己的努力，而不是超自然的力量，将自己升华成一个奥林匹亚的胜利者。这是涉及他生活和存在的方方面面的蜕变。

在某种程度上，我们仍保留着这一观点。熟悉贝多芬的男高音歌唱家约翰·罗克里茨曾这样形容他："一个在荒岛上长大、能力非凡之人，突然给这个世界带来了新鲜的东西。"[2]这就是他：一

贝多芬的肖像画，由约瑟夫·马勒绘于1804年前后。画作展现了贝多芬完成《英雄交响曲》后不久的相貌。他衣冠楚楚，映衬出作为维也纳"琴键上的翘楚"的神采，即便他如今双耳失聪，职业生涯已画上休止符。往后余生里，贝多芬一直留存着这幅画，也许是为了缅怀昔日荣光。

个具有现代风格天赋的卡利班原型，没有被堕落的文明玷污，不关心社会习俗，甚至不关心法律，只听命于他内心的半神。一个圣人，一个苦行僧，身体覆盖着污秽和灰烬，心灵却栖息在群星之中。一些贝多芬传记也为塑造这一形象推波助澜，其中有一些颇具想象力的描写：他大步穿越奥地利的风景，咆哮着阵阵乐曲，脚踩内心的节奏，偶尔停下来，在一叠破烂的手稿纸上胡乱写下让人难以辨认的音符，或挥舞着拳头，将那些元素视为交响乐版的《李尔王》。这些描写是一种无害的幻想，因为大众对贝多芬的认知正是如此。然而，无论富有创造性的艺术家们如何评价自己，试图猜测他们的思维过程都不可避免地显得自以为是。同样的道理也适用于为一首乐曲赋予意义。拿《英雄交响曲》为例，作曲家从一开始就将它命名为"波拿巴"，还给慢速乐章部分贴上了"葬礼进行曲"的标签。这些事实足以用于推测，但对于准确的精神分析来说还远远不够。

除此之外，还有过去的问题，那时人们的想法和做法都不一样。莫扎特晚期的《G小调交响曲》是"自传体"吗？除了作品的"情绪"这一模糊的概念外，人们甚至不清楚"自传体"意味着什么——而对"情绪"的解读也可能截然相反。如今它让人联想到激情和悲剧，而舒曼这位浪漫主义的主要人物、19世纪最敏锐的作曲家兼评论家之一，却只感受到"希腊式的轻盈和优雅"。

尽管如此，鉴于我们已经了解贝多芬的《第三交响曲》与波拿巴、普罗米修斯和英雄主义之间大体上的联系，我们便可以尽情展开联想。《英雄交响曲》不仅在规模和复杂性上打破了之前所有的交响乐模式，还是19世纪第一部主要的先锋派作品，极大地挑战了演奏者和观众。我们不妨注意一下贝多芬使用的方法，并且不要将太多技术层面之外的动机强加于他。

一、活泼有力的快板

人们早就发现《英雄交响曲》开头的主题，与莫扎特12岁时为他的小歌剧《牧羊人与牧羊女》(Bastien et Bastienne，1768) 所作的序曲具有相通之处：两者在音符、节奏和音调上都惊人地相似。学者们一直在思考：贝多芬是否知晓莫扎特少年时代的作品？大家一致认为，这种情况存在一定可能，但可能性不大。无论如何，这些音符只是组成了一个降E大调和弦，并在一开始就牢牢地确立了这一曲调，这也是开始一段音乐的传统方式。贝多芬的天赋很大程度上在于他能够记住一个异乎寻常的乐句——即使只是一个普通的和弦——然后以某种方式根据这些乐句构造出一个完整的乐章。正是这种化腐朽为神奇的独特技巧，产生了主导动机的概念，这一概念后来因为瓦格纳的使用得到了广泛传播。贝多芬一如既往地走在时代前沿。

实际上，从贝多芬立刻开始创作《英雄交响曲》这一点来看，可以直接证明这首交响曲与之前的作品并无关联。他用来展开《英雄变奏曲》的那个单一和弦，现在变成了整个管弦乐队里两个生硬的和弦，就像两根巨大的柱子，构成了作品的开头。这似乎源于海顿在后期作品中有时会用到的一种类似技巧，用来"引起注意"，但在贝多芬手中，那扇宏伟的大门立即展现出降 E 大调的风景，然后大提琴迅速伴着一个失控的升 C 调将其颠覆。这是一个完全出乎意料的举动，会很快让听众轻微地失去平衡：

这是一种高超的技巧（后来被李斯特发扬光大）。*第一乐章部分延续了之前起伏不定的效果，让人感觉尚未完成，而非一段完整的乐章。在复纵线处反复的时候（两个主要的引入和弦不重复），听众便能清楚意识到这首交响曲的规模将达到怎样的程度。曲调的所有动机和片段都必须得到扩展和连接，并产生令人满意的效果。从乐章第二次开始的那一刻起，这首交响乐便显然与以往的交响乐完全不同了。事实上，《英雄交响曲》第一乐章（包括重复部分）的演奏时间比 18 世纪许多小型交响曲的完整演奏时间还要长。

这是一种需要聆听而非分析的音乐，因为无论人们对它多么熟悉，它都能奇迹般地给人一种新鲜感，让人觉得每次都像第一次听到它一样。这可能与它蕴含的十足的力量感有关：一种充分

★ 见附录，第 176 页。

的自我肯定。这种肯定几乎会给人这样一种印象，即作曲家可以伸手越过乐谱，一把抓住听众的衣领。如果这样的说法过于想象化，那是因为这种独特、新颖且迫切的音乐风格往往会令人不知所措。这一点不仅体现在管弦乐队的高潮中，还体现在听众无法忽视的细节上。

再现部有个出名的例子。展开部让我们进入一趟常常令人吃惊但逻辑奇特的景观之旅，在那里我们从各种不同的角度看到乐曲的呈现部分，直到它们似乎构造出一道壮丽的天际线，然后我们将回到降E大调的主调：现在是重述主旋律的时候了。对于18世纪的听众来说，这是古典音乐形式中一个再普通不过的时刻，但贝多芬再次机智地打破了传统的期望。管弦乐编曲被简化为第一小提琴和第二小提琴，其属音部分有一个轻柔的颤音和弦，而主音部分则由单个号角吹奏出开场主题。换句话说，小提琴演奏的是最能让听众做好准备回到交响乐降E大调的"主键"音符，而号角却已经迫不及待地守在那里了。

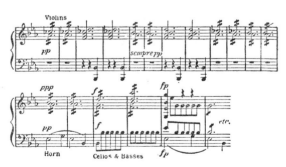

对贝多芬的众多听众来说，那个听起来像是可怕错误的部分，实际上却会有神奇的魔法生效。正是这种和声上的冲突，导致费迪南德·里斯——贝多芬年轻的学生兼无薪秘书，在洛布科维茨亲王的私人管弦乐队首次半公开演出的排练中失态，他说：

（此处）贝多芬掌握着一个有关号角的独门秘笈。他用号角演奏主题被完整重述之前的几小节，而用小提琴演奏第二和弦。对于不熟悉总谱的人来说，这会给他们一种印象，即吹号角的人算错了，吹得太早了。然而，在这首交响乐的第一次排练中，吹号角的人令人吃惊地正确进入了拍子。我当时站在贝多芬旁边，觉得那是不对的，就说："那个该死的号手！他不能好好算算吗？听起来真恐怖！"我想我差点被打了个耳光。贝多芬很久都没有原谅我。[3]

里斯几乎无可指责，因为贝多芬抛弃了和谐的规则，创造了自己的和谐。如今看来可能很难令人相信，但在19世纪，编辑和指挥家经常在印刷品和表演中"纠正"这一乐段。

这个不朽的第一乐章的结尾乐段也打破了惯例和规则。听众习惯了古典作曲家在乐章结束时的小尾声[比如海顿《降B大调弦乐四重奏》（Op. 55 No.3）的慢速乐章结束时的4小节，或莫扎特《降B大调钢琴奏鸣曲》（K. 333/315c）最后乐章结束时的10小

贝多芬《英雄交响曲》的第二乐章，即葬礼进行曲的手稿誊清本第一页注释。令人好奇的是，他竟然用硕大而华丽的字样写下"进行曲"（Marcia），下面却用小得多的字样写"葬礼"（funebre）——简直是后来才产生的想法。

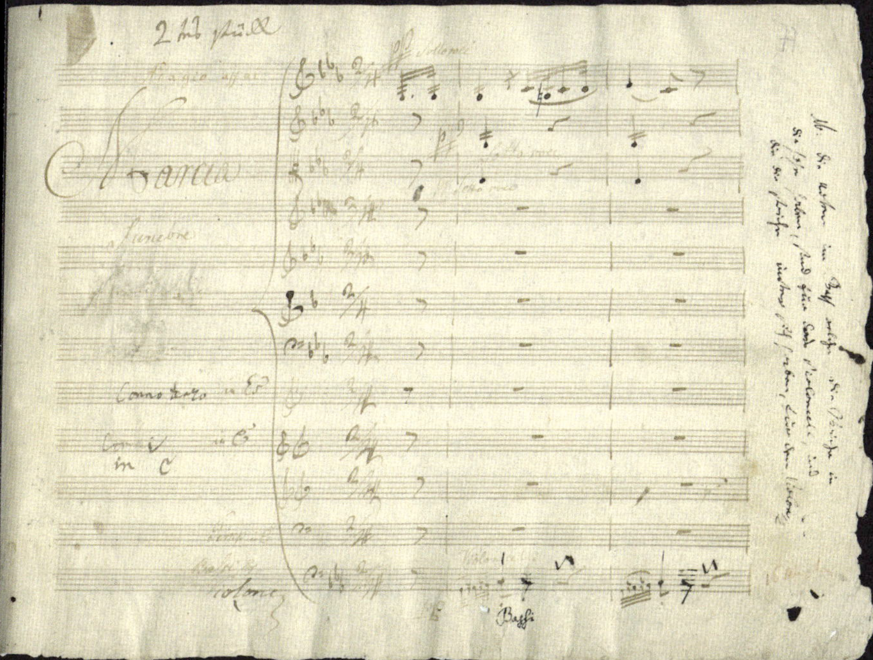
Adagio assai
Marcia
funebre
Corno terzo in Es
Corni in Es
in C
Bassi

节],也将渐渐适应近来某些交响乐令人震撼的结尾。1795年海顿的《D大调伦敦交响曲》(No.104)以83小节结束,其中包括8个不同寻常的小节(293~300小节),这些小节在琴弦上大幅度跳跃着,生动表明了贝多芬对他以前的老师是多么感激。他不仅在《英雄交响曲》的第一乐章中写下了一些几乎相同的弦乐乐段,还学到了结尾并不单单是完结,它也可以提供若干的可能性。贝多芬在结束第一乐章的140小节中气势恢宏的创造力一定会让听众震惊。他的结尾完全不是一个高雅而富含暗示性的结束,而是一篇独立的乐章。这一乐章以另一个起初臭名昭著而后名声大噪的音乐剧为开始,即不做任何调整,以三次突然的降调(分别为降E大调、降D大调和C大调)来重复主旋律,以弱化其生硬度。尽管它完全违背了先前的音乐走向,而且就当代正统音乐而言也完全是异端,但这一技巧听起来就是非常正确。

二、葬礼进行曲:非常缓慢的柔板

任何艺术作品,无论多么新奇,都有其历史背景和前因后果。正如前文提到的,在18世纪90年代的维也纳,贝多芬可能已经熟悉了为法国革命节日创作的特殊场合下的音乐,它们大部分都以4/4拍行进。这是一种刻意创作的"新型"音乐,以适应革命宣称的新社会,并且已经传遍了整个欧洲。如果贝多芬没有从中学会某些音乐

贝多芬《降A大调钢琴奏鸣曲》(Op.26,1800-1801)和缓乐章的早期手稿。这一乐章名为"悼念一位英雄之死的葬礼进行曲",是1827年伴随贝多芬灵柩前往维也纳中央公墓的乐队演奏的作品之一。

Marcia funebre sulla morte d'un Eroe.

技巧（无论是有意为之还是无意使然），将会非常令人惊讶，即使《英雄交响曲》那势不可当的创造性打破了样板，并且使它出现之前的一切变得黯然失色。

在《英雄交响曲》中，学者们当然很快就能找到与法国大革命相关的音乐迹象，任何一个坚定相信音乐影响力的人总会设法找到相似之处。对于愿意倾听之人，旋律在脑海中反复出现、留下回声，并引起共鸣。两首曲子之间可能只是偶然存在相似之处，又或者学者会费力地分析，以揭示隐藏在这两首曲子背后关于同一音符的"隐藏信息"。在法国大革命时期，贝多芬是波恩剧院管弦乐队的青年中提琴演奏者。他弹奏当时流行的歌剧剧目，例如格雷特里、蒙西尼、达莱拉克（贝多芬的藏书室里收藏有达莱拉克两出歌剧的总谱）、勒·叙厄尔、梅于尔、戈赛克等当代法国作曲家的作品。

弗朗索瓦－约瑟夫·戈赛克（1734—1829）也许是法国大革命时期最重要的作曲家。在他众多的"政治性"作品中，有《军事交响曲》（*Symphonie Militaire*）和广为人知的《哀悼进行曲》（*Marche Lugubre*，1790）。这支节奏缓慢的进行曲在庄严的场合演奏，例如在国家重要人物的葬礼上。当伏尔泰和卢梭的遗体被转移到万神殿时，该曲目的演奏还伴有盛大的公众仪式。几乎可以肯定的是，贝多芬知道这首曲子，如果不是在波恩，就是在维也纳早期。这首曲子是半音阶的，利用了长时间停顿等戏剧性效果，还添加了一些不寻常的乐器的声音（包括铜锣、蛇形低音短号、消音鼓和一种特殊的大号）。已故美国音乐学家克劳德·V. 帕利斯卡在《英雄交响曲》的第二乐章——葬礼进行曲中挑选了一段，而在这部分，贝多芬几乎是在模仿戈塞克《哀悼进行曲》中的某段。*

　　在没有询问作曲家本人的情况下，我们无法确定这是否只是纯粹的巧合。但有一点可以肯定：这并非剽窃。贝多芬本人很有独创性，对自己的音乐才能十分满意，根本无须剽窃其他作曲家的音乐作品。同样地，有人认为凯鲁比尼1797年创作的《奥什将军之死的葬礼赞歌》（*Hymne funèbre sur la mort du Général Hoche*）开头的慢速乐章是另一个影响因素。

　　无论如何，这对大型管弦乐葬礼进行曲的发展来说是一个好时机。还有一首是帕维尔·弗拉尼茨基在1797年创作的《C小调交响曲》（Op. 31），副标题是《为法兰西共和国和平所作的大交响曲》。弗拉尼茨基与莫扎特同生于1756年，是作曲家、指挥家和小提琴家，也是维也纳音乐生活的重要人物。为了表示对弗拉尼茨基的尊敬，海顿坚持让他指挥1799年和1800年《创世纪》在维也纳的演出，而贝多芬选择让他作为1800年4月《第一交响曲》首演的指挥。然而，弗拉尼茨基个人的《C小调交响曲》在维也纳的首演很快就遭到统治者的明令禁止，因为它的法语副标题被认为具有煽动性。这部作品充满了对法国大革命的音乐暗示，包括第一乐章中从凯鲁比尼的歌剧《美狄亚》（*Médée*）引用的几句话，

★　见附录，第177页。

那是一部以颠覆性内容著称的歌剧。弗拉尼茨基交响乐中对海顿作品的引用也被用来代表奥匈帝国古旧的政权，这一政权被横扫欧洲的新共和主义的胜利所影响。值得注意的是，这首交响曲的慢速乐章部分是 C 小调的葬礼进行曲，完全预示了《英雄交响曲》的风格，尽管弗拉尼茨基只想表达对"路易十六的命运和死亡"的哀悼，而非对拿破仑的哀悼。

贝多芬的《降 A 大调钢琴奏鸣曲》（A flat Piano Sonata, Op. 26）创作于《英雄交响曲》前两年，其中的慢速乐章名为"悼念一位英雄之死的葬礼进行曲"，被标记为"庄重的行板"（*Maestoso andante*）。贝多芬为这首最庄严的慢速乐章开创了先例，以不常用的降 A 小调（而不是相关联的 F 小调）为主调。它对法国前辈作曲家充满感激之情，因为这是一首节奏适当的慢进行曲，加附点的节奏让节拍不停跳动着。它有个简短的中心部分，模仿管弦乐的效果，包括戏剧性的停顿，这也是法国流派的特点。在外行人听来，它像是可以随手扔掉的垃圾，甚至有点可笑。我们无法说清贝多芬在写这首曲子时如何有意识地把波拿巴当成"英雄"，但我们或许可以说，在马伦哥战役后不久，当这个奥地利人被决然地赶出意大利时，任何一个普通英雄的身上都会有拿破仑的影子。

在这种情境下，即使这首交响曲最开始可能过于庄严且"大众化"，无法引起个人的悲伤，我们依然可以假设在第一乐章中令人印象如此深刻的、被召唤出来的英雄已经死了。曲子是 C 小调，贝多芬已经在《悲怆奏鸣曲》等作品中确立了 C 小调和某种强烈感情的个人联系，这种感情有时会显得矫揉造作，可能也并不总是出于真正的悲痛。然而，随着乐章向前行进，有些时刻直击心灵，尤其是C大调能抚慰人心的插曲部分。正如音乐学家格奥尔格·格罗夫所写的，它就像黑夜里突然出现的一缕阳光。一切都太短暂了，它让位于最初的进行曲，然后又转变为整支管弦乐队内庄严的赋格曲，在音乐恢复"深紫乐队"风格的节奏之前，庄严的行进变为短暂的激情，并迅速迈向终点。

如果说在这一乐章中有什么东西反映了法国的影响力，那就是被视为具有盛大公众仪式的气氛。在举国哀悼的时刻（比如为约翰·F.肯尼迪哀悼）它被如此频繁地演奏，这并非偶然。的确，我们很难再将其仅仅作为这一交响乐的慢速乐章来听。这无疑是贝多芬乐见的，因为它很容易让人联想到纪念碑、黑纱、缓慢行进的士兵、炮架、马镫上反向套着靴子且无骑手的马（一种特别粗糙、用于引发伤感情绪的戏剧表现），以及一个军事化的国家举国为一位平民致哀。显然，他的目标是为公众的悲痛塑造一个宏伟的缩影，而他成功做到了。

三、谐谑曲：活泼的快板

我们要如何理解贝多芬在葬礼进行曲之后演奏的"笑话"（一首谐谑曲）呢？在维也纳古典时期早期，一篇交响乐乐章是一首简单而庄严的三拍小步舞曲。在那之后，海顿和莫扎特赋予了它更多的内容，它变得越来越快，越来越复杂，直到大多数交响乐式的"小步舞曲"乐章早已放弃了与舞蹈的联系。在这一乐章特别轻松愉快的版本里,尤其在弦乐四重奏中,海顿越来越频繁地使用谐谑曲。

长期以来,贝多芬一直积极使用这种乐谱说明符,例如他在《第一交响曲》中欢快的第三乐章的应用。与海顿的作品不同,他的谐谑曲通常没有诙谐得那般文雅,而是包含着十足的喧闹。然而,在不朽的《英雄交响曲》的前两个乐章之后,他面临的问题是在不破坏整体严肃基调的情况下,如何影响听众,使其情绪产生变化。从这一慢速乐章的四拍进行曲到更轻快的三拍进行曲,节奏的转变无疑让贝多芬松了一口气,但之后他需要写出一段充满活力的乐章,最重要的是不能带有任何轻浮的迹象。

多年前我曾身处一个遥远的国度,某天黎明,我被一声雄鸡的鸣叫吵醒,这立刻使我想起《英雄交响曲》的谐谑曲,后者一整天都在我的脑海里挥之不去。这只鸣禽首先发出高亢的、几乎是颤抖着的嘹亮音调,紧接着是一个向下的滑音。这声音十分独特,我想知道贝多芬是否听过这样的雄鸡啼鸣(在他尚未失聪之前),这"司晨传令官"的叫声是否一直萦绕在他的潜意识里,仿佛是一种听觉上的隐喻,暗指唤醒新的一天及其新生。这一猜测可能想得太远了,合适的理解是,正如太阳在意料之中升起一样,弦乐(标记为"自始至终极弱的e断奏",*Sempre pianissimo e staccato*)的前七个小节轻轻爬上一个八度音阶。之后,贝多芬将这一鸣叫声放进了双簧管内(这是他的管弦乐队中最为悦耳的声音）。

　　然而，当这一天到来时，各种乐器之间的意蕴被分解（依然是"极弱音"，*Pianissimo*），此时整个管弦乐队聚集起来，随着"极强音"的召唤而爆发。在英雄庄严的葬礼过后，我们不可能不把这看作胜利和重生的信号。当管弦乐队两次齐声演奏一段重音落在弱拍上的乐段时，它们再次证明了贝多芬能用降E大调的普通和弦做些什么。

　　这种切分法已经成为贝多芬最喜欢的方法。它确实可以被看作是诙谐的，但在这一乐章前半段让人感到轻快的剩余部分，弦乐和风声交替，使其更显有趣而非诙谐。接下来是三重奏部分，三支著名的号角流畅地吹奏了私人版本的降E大调普通和弦。在阀键发明之前的那些日子里，手动停止的"本位音"号角如此兴盛，几乎不可避免地会与狩猎动机联系在一起：这是许多古典时期作品中的惯用比喻。贝多芬成功规避了这一点，创作了一些发人深省而非振奋人心的音乐。当这段音乐在三重奏的后半部分再次出现时，三支无伴奏的号角消失了，取而代之的是长久以来打动人心的和弦。1896年，当格奥尔格·格罗夫书写与其有关的内容时，他想知道是什么让最后几个音符如此动人。"它们给人带来一种无限感或永恒感，这是其他任何乐段都无法表达的，即使是贝多芬的其他音乐。"他接着引用了华兹华斯的名句：

> 我们的命运，灵魂的归宿，
>
> 都将、也只能与无限同在；
>
> 可我们总怀着永生的希望，
>
> 努力着、渴望着、期待着，
>
> 这希望也永远与无限同在。[4]

有些人可能自然而然地认为谐谑曲就意味着笑话，而上述话语神秘的言外之意无疑是贝多芬对那些人的回答。当三重奏前半部分的切分乐段在第二部分重现时，贝多芬并没有改变音符，而是创造性地、巧妙地改变了节奏。他抛弃了切分音和3/4拍，让整个管弦乐队的双拍里突然出现了令人振奋的极强音四小节。

乐章以同样响亮的强调和弦结束。然而，仍然存在一种关于

无穷的印象，或者至少是一种向内的视域，它足够广阔，足以证明打开交响乐那扇巨大的门是正确的。通过这种方式，即使是谐谑曲也和休止符一样意义深远。

四、终曲：很快的快板

对维也纳古典时期的作曲家来说，一首严肃的乐曲该如何结束一直是一道难题。在奏鸣曲式时代，无论作品的调式多么严肃真诚，它都应该和其他音乐一样，有一个幸福的结局。显然，像巴赫的《马太受难曲》这样的宗教作品，即使无法让听众感到沮丧，至少也能让他们进行适当的沉思。但是在世俗器乐的世界中，人们普遍有一种感觉，那就是乐曲结尾应该明显轻快一些。作曲家通常采用回旋曲的形式，它有着朗朗上口的循环曲调。直到浪漫主义兴起，作曲家们才能做到随意让听众沉浸在忧郁中。

有时这样的处理方式显然无法令人满意，与前半部分的严肃乐章相比，轻快的结尾听起来十分轻浮。举个经典的例子：莫扎特的《G小调弦乐五重奏》（K. 516）。这部作品一直到最后的乐章都散发着个人悲伤，G小调的柔板前奏也许是莫扎特写过的最令人沮丧的一段。然而在6/8拍时，曲风突然一转，变成了轻快的大调。就大众的品位而言，这种突然的转变要么不够明智，要么彻底令人心碎。

海顿可能是维也纳古典时期第一个认真思考如何解决这一难题的伟大作曲家。这一点体现在他的六首弦乐四重奏（Op. 20），即所谓的"太阳四重奏"中，这成了海顿自创体裁中的一座里程碑。这些曲子创作于1772年，是以他之前的作品（Op. 17）为基础设计创作的，而且进步明显——音调庄严，足以与其他任何器乐流派并驾齐驱。为了使最后的乐章依然保持这种曲调，海顿选择以赋格作为其中三首曲子的结尾：将老式的"学习"模式强行注入奏鸣曲的形式风格中。具有讽刺意味的是，奏鸣曲式的出现就是为了让音乐摆脱巴赫的所有对位法的束缚。海顿的这一新方案相当成功，足以让莫扎特在他1773年的《D小调弦乐四重奏》（K. 173）的终曲中也借鉴这个做法。这两位作曲家以及其他人最终对这一模式作出调整，将赋格乐段融入更"正常"的维也纳古典终乐章中，产生的结果既具有抒情风格，又能表达深刻思想。这一解决方案后来被贝多芬和门德尔松采用。

我们都知道，当贝多芬处理《英雄交响曲》中如何在三个史诗乐章后不出现反高潮的问题时，他采用了他的普罗米修斯主题，为一组变奏曲配上赋格章节。这一乐章几乎如同遗传基因般深深烙印在几代听众的心里，因此无法以不同的方式来想象。普罗米修斯主题几乎成了这首交响乐的标志性旋律。然而，从最早期的演出开始，就总有人觉得最后乐章（的影响）与前三个乐章相差无几。原因可能在于：在这首交响乐中，以一个主题和一首变奏曲作为最后乐章这一想法，是唯一让听众觉得不如其他乐章独特的地方。当贝多芬创作《英雄交响曲》时，已经有一些关于变奏曲被用于轻松和严肃的结尾部分的杰出例子，特别是莫扎特1782

年的《C小调小夜曲》（K. 388）以及他的几首钢琴协奏曲，包括《G大调钢琴协奏曲》（K. 453）和贝多芬最爱的那一首——1786年的《C小调钢琴协奏曲》（K. 491）。

与《英雄变奏曲》一样，《英雄交响曲》的最后一个乐章以直白的低音线开始，它逐渐充实起来，直到普罗米修斯主题傲然凸显。此后，主题以不同方式变化着，它无缝衔接，还含有大量听起来毫不费力的赋格和对位。令人印象深刻的是，这不仅仅是一部钢琴作品的编曲。这首曲子的处理手法新颖独特，得益于作曲家贝多芬足智多谋的致敬：这是一首曾是舞曲的曲子。在一段名为"稍慢的行板"（*Poco andante*）的音乐中，音乐一度慢了下来，贝多芬在这段音乐中加入了极具表现力的双簧管曲调：

这一曲调逐渐弥漫在整个管弦乐队，并明显同慢速乐章的葬礼音乐很相似，从而唤起了死者和复活的英雄之间的统一。接着，在进入一个以胜利结束交响乐、令人兴奋的快速节奏之前，音乐又恢复为之前的节奏。普罗米修斯、波拿巴和贝多芬三人的结合效果无与伦比：1803年，一位耳聋的音乐家在楼上一个房间里挥舞着墨水和羽毛笔，几周之内就完成了这一切。时值盛夏，窗外是一片奥地利田园风景。他已经彻底消除了海利根施塔特危机，波恩的承诺得到了很好的履行。一根木桩最终刺穿了"爸爸"海顿的心脏，尽管他还有6年的生命。一首即将响彻未来几个世纪的交响乐已然谱就。

* * * * * *

谁是《英雄交响曲》致敬的真正英雄？

在19世纪的前30年内，浪漫主义英雄处于近乎神话的地位，有三个人符合这一形象：拿破仑、贝多芬和拜伦。他们三位都是有缺陷且孤独的天才，人们认为他们过着英雄般的生活，在理想不变的情况下英勇地死去。拿破仑——这个矮小的科西嘉人于1815年滑铁卢战役战败后被流放到圣赫勒拿岛，尽管如此，他创造的神话依旧影响着欧洲人民。"拿破仑式"的特征显然超越了拿破仑本人以及他的事业。同样，"拜伦式"的神话也超越了拜伦本人，超越了他作为作家所取得的卓越成就、他的风流韵事，以及1824年他为希腊对抗奥斯曼帝国时在政治上的冒险。拜伦死于这次冒险，享年36岁。

至于贝多芬，学者约翰·克拉比指出，"乍一看，（他）似乎崇拜法国大革命的继承者——共和主义者拿破仑，鄙视身为皇帝和专制君主的拿破仑。"但事实上，贝多芬的情感和拜伦一样矛盾，且多年来波动很大。[1] 即使回到波恩，贝多芬也可能因为受到拿破仑的思想启发而创作一段音乐，尽管这并不一定是他的计划。众所周知，波拿巴是解放变革推动者的化身，正是这一点吸引了贝多芬，同时吸引了成千上万人：欧洲人民最终摆脱了国王、王子、主教和牧师的奴役。对贝多芬来说，这才是真正的时代精神，而拿破仑恰好是这一时代精神的化身。如今，人们很容易低估这一思想对欧洲一些最伟大的思想家的影响，这种思想后来迅速转变为波拿巴主义：它导源于启蒙运动，介于意识形态和英雄崇拜之间。在现代意义上，拿破仑的明星身份早已远远超越其他单纯想成为明星的名人。包括康德、黑格尔、席勒、歌德在内的许多知识分子和作家都是拿破仑的狂热粉丝。

同时，仅从表面看就认为贝多芬意图将他创作的《第三交响曲》献给拿破仑，这一想法太过肤浅，因为它忽视了背后复杂甚至相互冲突的矛盾动机。长达一个半世纪的曲目介绍让听众在音乐中寻找抽象名词的表达方式，它们包含各种预示意义，比如胜利、意志、人性、自由，甚至革命热情，其历史可追溯到1789年巴黎的重大事件。尤其是"人性"一词，这是启蒙运动时期许多知识分子身上具有的一种与波拿巴主义有松散联系的品质。人们认为它象征着对人类的牺牲、服务和对社会的忠诚，而人类中最可怜的流浪儿在理论上与君主同等重要。华兹华斯在年轻时就被波拿巴主义者迷住了，他在1798年创作的诗歌《廷腾寺》(Tintern Abbey)中写下了著名的一句："人生低柔而忧郁的乐声"（愤世嫉俗者会注意到，在理论上为人性流泪要比在任何情况下都保持对个人的忠诚容易得多）。然而，现代听众往往很难将这些伟大的名词与某首特定的艺术作品联系起来，无论是一首像《序曲》(The Prelude)这样的诗，还是一部像《英雄交响曲》这样的交响曲，尽管贝多芬经常思索这些词汇。我们完全有理由将《英雄交响曲》简单视为一份非凡的美学成就来欣赏，它真正的革命性完全是音乐方面的。但是，多了解一些它与拿破仑有关的前因会增添很多乐趣。

没有人比作曲家本人更清楚他创作的新交响曲多么具有开创性

意义。当贝多芬还在计划之时，就已经意识到：此曲应该先在维也纳演奏，再到法国演奏。特别是考虑到第一乐章的长度，贝多芬需要确保自己对于调速和平衡问题的直觉是正确的。试奏必不可少，而洛布科维茨亲王出色的私人管弦乐队将是实现这一计划的理想选择。1803年10月22日，贝多芬的学生费迪南德·里斯再次写信给出版商尼古拉斯·西姆罗克："贝多芬非常想把这首交响曲献给拿破仑。"然而，洛布科维茨亲王早已用400杜克特买下了这首交响曲的版权，为期半年。这一报价如此丰厚，贝多芬实在无法拒绝。问题在于：洛布科维茨亲王是一个非常爱国的奥地利人。在这种情况下，如果贝多芬依然坚持按照原计划，把交响曲献给拿破仑，并在扉页突出科西嘉人的名字，他将面临致命的危险。

贝多芬非常善于做出务实的商业决定，这也是他既能将《英雄交响曲》献给洛布科维茨亲王，同时又保留"波拿巴"总称的原因。作品于1803年夏末完工，总谱于1806年10月发行。在此期间，由于受到外部政治事件影响，奥地利人的"恐法症"进一步加剧。例如1806年奥地利军队遭遇一系列惨败，弗朗茨二世及其王室人员逃离了维也纳美泉宫，而拿破仑本人于该年11月占据此地。到那时，贝多芬最初的波拿巴主义者倾向也已消失殆尽，尤其是1804年5月，有消息传到维也纳：法兰西自封的第一执政官现

在宣称自己是皇帝。费迪南德·里斯记录了这一著名事件：

谱写这部交响曲时，贝多芬想到的是波拿巴，但当时波拿巴还只是第一执政官。那时，贝多芬对他激赏不已，比之以最伟大的罗马执政官。我和贝多芬亲近朋友中的不少人都看到了这首交响曲已经抄写成总谱，放在他的桌子上。扉页的顶端写着"波拿巴"几个字，而底端写着"路易吉·凡·贝多芬"，并无他词。中间的空白处是否要写字、要写什么字，我不知道。我是第一个告诉贝多芬拿破仑称帝这一消息的人。他勃然大怒，大喊道："他只不过是一个普通人！如今他也要践踏于其他人的权利之上，放纵自己的野心。他要使自己凌驾于他人之上，成为一个暴君！"贝多芬走到桌子旁，抓住扉页的最上方，将其撕成两半，然后扔到地板上。后来这一页被重写了，直到那时，这部交响曲才有了这个标题：《英雄交响曲》。[2]

毫无疑问，此时幻想破灭的贝多芬会同意同时代的诗人威廉·布莱克的观点：

史上最强劲的毒药，
来自于恺撒的桂冠。

他也认同布莱克的那句话："我将不会推理、比较；我的工作是去创作。"

这次怒气爆发之后不到一个月，洛布科维茨的宫廷管弦乐队进行了该交响曲的首次半公开试奏。演奏地点设在一所狭长的"学院"内，演出还包括贝多芬其他富有挑战性的作品，并且经过了时间长到令人筋疲力尽的排练。尽管听众意见不一，但总的来说还是赞赏有加。在温暖的维也纳之夜，观众喝得酩酊大醉，踉踉跄跄地走出会场，很多人可能宁愿在相当长的一段时间内不再听到新的音乐。两个月后（即8月），贝多芬告诉出版商黑特尔，这首交响曲真正的名字是《波拿巴》。这是否意味着贝多芬在5月时对那个自封为新皇帝的人的怒火只不过是典型的贝多芬式发怒，抑或这只是贝多芬对拿破仑态度愈加矛盾的部分体现（而且这一态度得到了许多人的认可）？

我们知道，到1803年初夏，贝多芬在维也纳上德布灵创作这首交响曲时，他青少年时期对法国大革命的热情已大大减弱。*他不是唯一一个悲观主义者。19世纪初，欧洲有许多人，特别是讲德语的知识分子，对拿破仑和大革命后的法国进行了痛苦的重新评估。启蒙运动具有巨大的影响力。就其交错复杂的含义和思想而言，人们认为贝多芬的《英雄交响曲》与当时德国某些非音乐作品具有一些共同点，例如歌德的《浮士德》、让·保罗的浪漫小说（这曾让青年时期的舒曼着迷）、黑格尔的哲学（《精神现象学》中题为"绝对自由与恐怖"的章节），甚至还有卡斯帕·大卫·弗里德里希的画作。但是，面对拿破仑的军事征服、务实的交易以及他的军队对

---

* 见第三章，第75页。

德语区日益增长的威胁，许多德国人先前的理想主义消失了，取而代之的是高涨的民族主义。到1805年，贝多芬和许多知识分子一样（包括让·保罗、黑格尔和卡斯帕·大卫·弗里德里希）变得更加爱国，甚至有点反法。到1806年3月，当《菲德利奥》的修订版成功在维也纳发行时，听众普遍认为这首歌剧包含反法信息。弗洛伦斯坦身处代表日耳曼世界的地牢之中，他迫切需要忠贞的莱奥诺拉拯救他，不论她是否乔装为"菲德利奥"。

考虑到这一切，我们该如何解读1806年10月《英雄交响曲》最终出版时扉页上的措辞呢？意大利文题词上写着"为纪念一位伟人而创作的英雄交响曲"，而人们几乎总是想当然地认为"伟人"就是拿破仑。可以肯定的是，现存的、经过大量修改的原手稿的扉页上有贝多芬自己的铅笔题词："写给波拿巴"（geschrieben auf Bonaparte），尽管这本身也存在模棱两可的地方。"auf"一词可能只意味着以某人的名义或以他们的荣誉做某事，也可能只指某篇文章或某首诗歌标题中的"论（On）"——如蒙田的《论孤独》（*On Solitude*）或奥登的《论周日漫步》（*On Sunday Walks*）。那么，贝多芬的题词是《论拿破仑》的意思吗？

关于"伟人"的身份，一种新的理论出现了，它提出一种完全不同且貌似合理的说法。[3]当拿破仑于1805年12月在奥斯特里茨彻底击败奥地利人和俄国人之后，普鲁士军队因不管不顾地抛弃自己的盟友而受到严厉的批评。与普鲁士国王弗雷德里克·威廉三世关系最密切的人请求他为奥斯特里茨之战报仇。他们认为，普鲁士军队应该在德国领土的任何地方与自命不凡的拿破仑作战。最先提出这一提议的是年轻的路易斯·费迪南德亲王。

路易斯·费迪南德非常杰出。作为腓特烈大帝的侄子，他是一个挥霍无度到无可救药的人，也是一个真正的军事英雄。他已经同法国人在几次战役中交手过，并因在战场上无所畏惧的指挥与统领而赢得了赞誉。同时，他还是一位一流的音乐家和钢琴家，曾师从扬·拉迪斯拉夫·杜舍克。贝多芬第一次见到费迪南德是在1796年访问柏林期间，就在那时，两人成了朋友。贝多芬比路易斯·费迪南德亲王大两岁，当时可能正处于自己钢琴才华的巅峰时期，他认为路易斯·费迪南德甚至比胡梅尔还优秀：言外之意是他仅次于贝多芬自己。费迪南德也是一位颇有独创性的作曲家，贝多芬显然觉得自己找到了志同道合的人。

音乐家路易斯·费迪南德具有的独创性，最能通过他的音乐被后代拥护的方式来衡量。他影响最大的作品也许是最后一部作品——《F小调钢琴四重奏》（Op. 6，1806）。舒曼深入研究了费迪南德亲王的音乐，他的日记表明他对亲王和这首曲子有着持久的兴趣。他写了一组适合四手联弹的钢琴变奏曲，主题来自《F小调钢琴四重奏》，但已不幸失传。路易斯·费迪南德还对不同寻常的乐器组合进行了探索，这使舒曼获得了灵感，例如在《小夜曲》（Op. 8，Notturno）中，费迪南德将钢琴、长笛、小提琴、大提琴和两个圆号结合在了一起。舒曼的钢琴家妻子克拉拉·威克参加了《F小调钢琴四重奏》的演出，门德尔松也出席了。大家一致认

普鲁士的路易斯·费迪南德亲王，腓特烈大帝之侄，比贝多芬小两岁。他是钢琴演奏家，也是颇具独创性的作曲家。费迪南德亲王非常敬佩贝多芬，将其视为社会地位完全平等的好友。1806年，年仅34岁的亲王在萨尔菲尔德战役中丧生，这使他成为奥地利的英雄，也进一步加剧了日尔曼世界日益增长的"恐法症"。

为，路易斯·费迪南德作为一名作曲家而言超越了他的时代，他是一位真正的原浪漫主义者。这首曲子乐谱上的记号远比19世纪初人们熟知的多得多，且更富于表现力：诸如富于感情的、柔和的、渐弱并渐慢的、热情洋溢的、非常强劲的、哀伤的——这些记号大都在后来才流行起来。直到浪漫主义时代，作曲家们才觉得他们可以自由地以安静的音符结束自己的作品。虽然钢琴四重奏的音乐已经非常忧郁、令人心烦意乱，但亲王依然毫不犹豫地让它淹没（逐渐消失）在幽暗的梦幻之中，以两个轻柔的拨弦和弦结束。对他来说，这算不上一个喜气洋洋的古典式结尾。和舒曼一样，浪漫主义大师弗朗茨·李斯特也被这首钢琴四重奏深深地吸引了。1847年，他谱写了《以普鲁士费迪南德亲王为主题的悲歌》（ Elégie sur des motifs du Prince Ferdinand de Prusse ）。

但这样的致敬和赞誉当时还远远未能实现。1804年，在前往意大利的途中，路易斯·费迪南德亲王与贝多芬的赞助人洛布科维茨亲王在布拉格以北的拉乌尼茨（今天的鲁德尼斯）城堡同住。路易斯·费迪南德一定问过他"贝多芬最近在写什么"。作为《英雄交响曲》的受献对象，洛布科维茨很自豪，于是让他的管弦乐队演奏了这首新交响曲。那个时候，演奏者们对这首曲子了如指掌，因为他们已经演奏过一次。听完一遍之后，路易斯·费迪南德很激动，要求再听一遍，洛布科维茨高兴地答应了。第二次演奏结束后，年轻的费迪南德亲王还想再听一遍。但洛布科维茨坚持认为，在疲惫不堪的演奏者们第三次演奏整首交响乐之前，应该让乐队休息一下，吃顿晚餐。目前我们还不清楚贝多芬当时是否也在场，但他很可能在。不管怎样，这一插曲有力地证明了路易斯·费迪南德作为音乐家以及贝多芬仰慕者的认真劲儿。可以肯定的是，此时两人的友谊建立起来了。至少有一次，费迪南德亲王以绝对平等的方式请贝多芬喝酒、用餐，与贝多芬坐在同一张餐桌上（在那个时代，如此对待贝多芬这样邋遢的平民，是难以置信且有失身份的行为）。贝多芬的《C小调第3号钢琴协奏曲》献给了路易斯·费迪南德，这无疑标志着贝多芬对这位敏感而才华卓越的亲王的敬重。

与此同时，拿破仑·波拿巴又一次在奥地利大显身手。1805年10月19日，在乌尔姆，奥地利将军卡尔·麦克率领的整支军队都败给了拿破仑。此后，没有任何东西可以阻挡法国进军中欧。法国军队于1805年11月占领维也纳，一个月后，法军在奥斯特里茨战役中击败神圣罗马帝国军队。次年（1806年）8月，在巨大的

压力下，弗朗茨二世解散了神圣罗马帝国并退位。与此同时，贝多芬和他的朋友兼赞助人利赫诺夫斯基亲王同住在位于格拉茨的城堡里（今属捷克共和国），距离维也纳约240公里。一天晚上，利赫诺夫斯基亲王让贝多芬为一些来访的法国军官弹钢琴，贝多芬断然拒绝，声称他并非被人呼来喝去的奴仆。到底贝多芬是因为军官是法国人而发火，还是说，这只是他和利赫诺夫斯基亲王之间暴风雨般变化无常关系的又一次爆发，目前尚不得而知，但这一事件迅速演化为一场乱哄哄的口角。据称，一位名叫奥珀斯多夫的伯爵费了好大劲才阻止贝多芬把一把椅子砸到他尊贵的赞助人头上。贝多芬怒气冲冲地离开城堡，乘坐运货马车和四轮大马车痛苦地度过了三天，然后回到维也纳，随即病倒。返程期间，贝多芬及其行李箱被暴雨浸湿，在他随身携带的《热情奏鸣曲》（*"Appassionata" Sonata*）手稿上，水渍仍清晰可见。

发生于1806年秋的这一事件的重要性在于，贝多芬很可能是在格拉茨得知了自己的朋友兼音乐伙伴路易斯·费迪南德亲王已经在几天前，也就是10月10日的萨尔菲尔德战役中丧生的这一消息。这只是战争初期的一场小规模战斗，之后，法国在附近的耶拿取得了另一场压倒性的胜利。在费迪南德亲王生命的最后一晚，他演奏了朋友杜塞克的《双钢琴协奏曲》（Op. 63，Double Piano

约翰·尼波默克·胡梅尔（1778—1837）的画像，绘于1814年前后，画家不明。胡梅尔不仅是一位作曲家，还是一位技艺精湛的钢琴家，曾师从莫扎特。在维也纳，他被看作唯一一位能与贝多芬匹敌的即兴演奏者，这一论调延续至贝多芬失聪。1810年，胡梅尔对贝多芬的《C大调弥撒》发表诋毁性评论，并因此与贝多芬闹翻，但1827年他曾前往贝多芬病榻看望这位伟人。

Concerto）。第二天，在战场上，一名法国士兵命令他投降，他当场拒绝。他的身体被刺穿，享年34岁。10月29日，《维也纳日报》（Wiener Zeitung）发表了一篇悼文，宣布即将推出费迪南德亲王几乎所有音乐的致敬版。同一期报纸上还刊登了即将发行首版《英雄交响曲》的通知，并在扉页上刊登了贝多芬最后的意大利文题词。那时贝多芬已经回到维也纳，毫无疑问，他仍然对利赫诺夫斯基亲王和法国军官感到愤怒，并为他那位英勇且有才华的朋友感到悲痛。他比任何人都明白音乐界的损失之大。德国音乐学家彼得·施洛伊宁提出一个理论：贝多芬在《英雄交响曲》的新题词中所写的"伟人"一词根本不是指拿破仑，而是指被拿破仑的军队杀死的天才音乐家和勇猛战士——费迪南德亲王，这样一来，《英雄交响曲》就变成了贝多芬对德国爱国主义的音乐表达。[4]如果是这样的话，贝多芬永远不可能把这件事公之于众，因为这意味着《英雄交响曲》是在向一个比赞助人更伟大的人致敬，而赞助人曾忠诚地在经济上支持过贝多芬，这可能会与《英雄交响曲》现有的给洛布科维茨亲王的献词相冲突。而且，如果把这位伟人说成一位普鲁士亲王，而不是拿破仑，可能就会毁掉这首交响乐在法国主宰的欧洲进行销售的机会。

不管真相如何，很明显，贝多芬对拿破仑的感情像其他人一样复杂，而且和他们一样难以释怀。然而，在欣赏《英雄交响曲》时，最好不要太过重视它与拿破仑之间的联系，当然也不要想象这位法兰西皇帝身穿白色背心、编织外套、头戴双角帽，在乐谱

利赫诺夫斯基宫，当地称为赫拉德茨的格拉茨白色城堡，今属捷克共和国。
1806年，贝多芬和他的赞助人卡尔·利赫诺夫斯基亲王一同来到此处。
此次访问（以及一段友谊）的过早结束，乃是由于贝多芬认为自身受辱而
在暴雨滂沱中愤然离去，孤身一人返回维也纳。

后面若隐若现的身影。1821年5月，当贝多芬得知他昔日崇敬的英雄死于圣赫勒拿岛时，他的真实感受是什么，我们依然不清楚。当被问及是否可能会为拿破仑谱写安魂曲时，贝多芬只是回答说："我已经为那场灾难谱写了合适的乐曲。"[5]他指的大概是《英雄交响曲》的葬礼进行曲部分，但也可能是整首交响曲，抑或是他一生的作品。1824年，他对以前的学生兼朋友卡尔·车尔尼说："从前，我受不了拿破仑。现在，我的想法完全不同了。"

* * * * * *

《英雄交响曲》的反响

正如我们所见，贝多芬的新交响曲通过几次半公开的演出对外发布，负责演奏的是交响曲的受献对象——洛布科维茨亲王的私人管弦乐队。按照今天的标准，这对听众来说无疑是相当痛苦的体验。业已证明，贝多芬之前的两部交响曲都不易演奏，但《英雄交响曲》的挑战却是独一无二的。这并非寻常的18世纪室内乐演奏——后者演奏时间更短，使用的冷僻琴键较少，套路娴熟的陈词滥调更多——一切都有章法可循，因此演奏者无须太过费力。虽说如此，演奏《英雄交响曲》所需的乐器数量并不比演奏莫扎特晚期的《G小调交响曲》所需的乐器多多少。人们曾在凡·斯威腾男爵的家中演奏过《G小调交响曲》，当时莫扎特也在场，但效果十分糟糕。据说莫扎特听后，不得不选择转身离去。随着乐器数量以及乐曲难度的增加，管弦乐队自然也越来越参差不齐。只有在19世纪20年代，当像贝多芬这样的交响乐作曲家培养出规模越来越大的乐团并使之成为潮流时，指挥才开始成为管弦乐队内一个独立而又不太实用的角色。除了少数例外，由通奏低音键盘乐器的演奏者开始领奏这一传统到18世纪末已近乎绝迹，管弦乐队中的一位成员——通常是首席乐师（即第一小提琴手）在微妙复杂的地方会挥舞他的琴弓指示节拍。在排练《英雄交响曲》时，作为指挥的贝多芬会作出干预，这种干预具有灾难性，使许多演奏者对演奏贝多芬具有难度的作品感到愈加茫然、愈加困惑。因此，排练经常会出现完全混乱的情况，而且经常需要重新开始。

与此相关的一个问题是：贝多芬时代的演出规模宏大，堪称惊人，有一些简直像故意为了损害演出效果而设计的。其中一次演出是贝多芬自己于1803年4月5日在维也纳剧院举办的音乐会，就在两个月前，他开始在维也纳上德布灵定居并开始认真创作《英雄交响曲》：

> 该演出包含《第一交响曲》《第二交响曲》《C小调第3号钢琴协奏曲》（贝多芬独奏），以及清唱剧《基督在橄榄山上祷告》的首演。演出从早上8点开始，到了下午2点30分，大家都已筋疲力尽、怒气冲冲，对于我们亲爱的、善良的利赫诺夫斯基亲王来说……那天差点以惨败收尾。亲王考虑周到，提供了几篮黄油、面包、肉和酒，喂饱了饥肠辘辘的人，说服他们再试一次。即使在那时，清唱剧也没有很成功。这一次，大众的直觉是正确的：贝多芬误判了自己的风格，他本人后来也承认了这一点。[1]

就在前一年，贝多芬向他的朋友小提琴家文策尔·克伦普霍尔茨吐露，他对自己迄今为止的作品并不满意。"从今天起，"他说，"我打算走一条新路。"《英雄交响曲》因此成为贝多芬尝试新风格的第一部交响曲。

1805年2月13日，《大众音乐日报》上出现了第一条对于该作品在同年1月演出的公众评论。评论家以一段"颂词"滔滔不绝地开始了对贝多芬《第一交响曲》的赞美，称之为"一件光荣的艺术作品"，"以最辉煌最优美的风格对待许多极好的思想，连贯、有序、清晰感贯穿始终"。在一番铺垫之后，他话锋一转，开始发难。他说，从本质上讲，这部新的《第三交响曲》：

> 是大胆、狂热的幻想，长度极不寻常、极难演奏。这部作品中不乏引人注目的优美乐章，作曲家的实力和才华显而易见，但作品似乎往往在完全的混乱中迷失了自我。它以降E大调有力的快板开始，紧接着是C小调的葬礼进行曲，以赋格曲形式一直到结束……这位作家是贝多芬最热情的崇拜者之一，但在目前的作品中，他发现了许多既古怪又刺耳的地方，极大地增加了理解音乐的难度，几乎完全模糊了音乐的统一性。[2]

这位评论家对4月份的另一场演出更是充满鄙视。这次他批评交响曲长度过长，建议贝多芬将其缩短，说它持续了"整整一个小时"，这意味着它确实比今天的节奏慢得多。他说的那场演出在维也纳的一家剧院举行，而且是这部作品真正的公开首演。当时已经失聪的作曲家本人也在现场，用一系列会分散注意力的手势和恶狠狠的目光进行指挥。这次表演算不上成功，因为管弦乐队和观众一样感到茫然。钢琴家兼作曲家卡尔·车尔尼在走廊听到一个人发自内心的叫喊，毫无疑问他十分痛苦，在心疼自己的入场费。他恼怒地喊道："如果演奏能停下来，我愿意再捐一架克鲁泽钢琴！"尽管贝多芬的许多听众会对这首作品感到困惑，但他们可能不会像某位来自布拉格音乐学院、到场稍晚一点的智者那样，在演奏《英雄交响曲》时，宣称它"道德败坏"。不仅如此，

里程碑文库

本文库由未读与英国宙斯之首联手打造，邀请全球顶尖人文社科学者创作，撷取人类文明长河中的一项项不朽成就，深挖社会、人文、历史背景，串联起影响、造就其里程碑地位的人物与事件。作为读者，您可以将文库视为一盒被打乱的拼图。随着每一辑新书的推出，您将获得越来越多的拼图块，并根据自身的兴趣，拼合出一幅属于您的独特知识版图。

第二辑

贝多芬与《英雄交响曲》：浪漫主义交响乐的开端

回顾天才音乐家的坎坷人生，奏响英雄主义与人类手足之情的赞歌

奥林匹亚：古代奥运会与体育精神的起源

再现古代奥运会的真实场景，重温世界级体育盛会的千年沧桑

哈德良长城：罗马帝国的荣光与文明世界的尽头

走近罗马帝国规模最大的建筑遗址，还原"文明与野蛮"的残酷真相

玄奘与丝绸之路：东西文化交流的传奇之旅

重走丝绸之路，在全球皆通途的时代，再次用脚步丈量玄奘的伟大

巨石阵：神秘的史前遗迹与考古迷思

拨开历史与传说的迷雾，深度挖掘史前人类的建筑奇迹

第一辑

大英博物馆：第一座公众博物馆的诞生

读懂大英博物馆的"前世今生"，反思人类文明成果的"正确"收藏方式

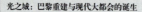

光之城：巴黎重建与现代大都会的诞生

看百年前的巴黎，如何从污水横流、疾病丛生之地一跃成为梦幻之都

英国皇家学会：现代科学的起点

加入世界上最负盛名的科学学会，与牛顿、达尔文、霍金一起为真理而奋斗

摩天大楼：始于芝加哥的摩登时代

重返 19 世纪的芝加哥，见证摩天大楼怎样改变现代城市

格尔尼卡：毕加索的愤怒与人类战争反思

深度解析毕加索旷世名作的来龙去脉，用艺术对抗人类的悲剧

陶瓷：粘连文明的泥土

遍寻三千年陶瓷演变历史，领悟东西文明的碰撞如何改变历史进程

里程碑
文库

THE
LANDMARK
LIBRARY

人类文明的高光时刻
跨越时空的探索之旅

《英雄交响曲》签名扉页上满是贝多芬写下的校注和评论。上面的日期"1804年8月"清晰可见。在"大交响曲"（Sinfonia Grande）之下，学者们发现了被划掉的"为波拿巴而作"（Intitulata Bonaparte）字样，取而代之的是贝多芬在自己名字下方潦草写着的模糊铅笔字迹"以波拿巴为题材而作"（Geschrieben auf Bonaparte），该字迹从未被抹去。

这一交响曲并未立刻被听众接受，直到1806年才最终发行。最终的版本比那些誊写员抄写的内容更可靠，也更容易获得。自此以后，除了一两个明显的特例，《英雄交响曲》的名声和接受度随着它被演奏的次数增多而迅速增长。

尽管如此，当时还是不乏持反对意见的人，他们认为《英雄交响曲》制造出了令人难以理解的喧嚣声。有些人从未对贝多芬产生过兴趣，在他们看来，贝多芬变得越来越古怪，晚期作品尤其令人费解。法国作曲家乔治·翁斯洛（1784—1853）的父亲是英国人，翁斯洛在接受音乐评论家约瑟夫·奥蒂格的采访时说，"贝多芬最后的四重奏是个错误，它极其荒谬，是病态天才的白日梦……如果我曾写过任何与此相似的混乱作品，我会把自己的作品全部烧掉。"[3] 1881年2月6日，门德尔松学派的业余音乐爱好者约翰·罗斯金给他的朋友约翰·布朗博士写了一封信，他在信中写道："你对特纳的评价令我欣喜，但你对贝多芬是什么看法呢？他的作品在我听来就像打翻一袋袋钉子的声音一样令人苦恼，时不时还会有锤子落地的声音。"

具有讽刺意味的是，虽然贝多芬一直打算用这首交响曲作为他移居巴黎的名片，但这首交响曲似乎直到1825年才在法国的一场私人演出中谨慎地和《第七交响曲》一同被演奏。后来，管弦乐队的一位成员大方地承认："这两首交响曲包含一些说得过去的乐段，

维也纳洛布科维茨宫英雄交响厅的天花板。此为亲王的私人音乐厅，其手下的管弦乐队在此处为献给亲王的新交响曲举行粗糙而又艰难的首次排练。排练于1804年5月和6月进行，《英雄交响曲》可能于同年8月14日在此首演。

尽管它们篇幅长、难以理解、缺乏连贯性，但总体效果尚佳。"[4]

在某些方面，正是《英雄交响曲》使交响乐成为19世纪音乐的主导形式。它拓展了音乐语言——以其形式的流动性，以及包含强烈对比的和谐性延展——将音乐无可避免地引向了瓦格纳的风格，并使19世纪日耳曼人在音乐品位方面的霸主地位得以巩固。其他民族的作曲家（尤其是法国人）常常强烈反对这一点，因为他们发现，一旦把公认的德国文化的道德严肃性作为"恰当"音乐的必要条件，他们就会处于稍显弱势的地位。贝多芬在《英雄交响曲》中自诩的新样式后来被命名为他的"交响乐典范"，这在下一章中将会提到。第一乐章狂放不羁而扣人心弦的特质令人印象深刻，而这也正是一些人不喜欢《英雄交响曲》和贝多芬后期的交响曲（特别是《第五交响曲》和《第九交响曲》）的原因。它们都是非常明显的大众音乐，旨在影响和启迪大众，按理来说，这是某种霸凌性质的最早表现。这种性质在后来的日耳曼交响乐家，如理查德·施特劳斯和马勒的作品中体现得更加明显（"听着，你这该死的家伙：这不是开玩笑！这是为你好"）。

在法国和意大利，人们总是反对这种令人敬畏的严肃性。多年前，在佛罗伦萨举行的一场音乐会上，我看到一个曲目介绍，其作者写道："巴赫的荣耀在于他把自己奉献给了形式之美以外的任何东西，所以人们很难对他感到厌烦，而贝多芬则要求持续的关注，就像'一个桀骜不驯的青年'。"这句话我从未忘记。到了20世纪，跨大西洋的音乐家们也慢慢从令人窒息的德国古典音乐的束缚中挣脱出来。格伦·古尔德在采访中谈到贝多芬时说："如果我再听到《英雄交响曲》的一小节，我会尖叫的。"[5]在其他场合，他如此描述贝多芬："一位名声完全建立在流言蜚语上的作曲家。"[6]他还特别指出了贝多芬所谓的"中间时期"，人们通常认为这一时期是从海利根施塔特危机之后不久开始的。因此，《英雄交响曲》是他在这一时期的第一件主要作品。古尔德说：

> 贝多芬在这个时期向我们提供了一位作曲家自负之旅的最高历史范例：一位十分自信的作曲家，坚信无论自己做什么都是正当的——仅仅因为他这样做了。我不知道还有什么方式可以解释那些空洞、陈腐、挑衅的姿态如何在那段中间时期成为主题，并占据主导地位……总而言之，我不得不说贝多芬最优秀的作品是早期的那些，即在他的听力开始衰退（让我们面对现实吧，失聪确实影响了他后来的作品），他本人完全被自尊心支配之前的那些作品。[7]

当代美国作曲家内德·罗雷姆直言不讳地说，他根本不需要贝多芬的音乐，就像他不需要法国音乐一样，尽管罗雷姆曾在公开场合演奏过贝多芬的许多钢琴作品，并悲伤地承认贝多芬（以及舒伯特）是"无法触及的"。当然，这一"无法触及性"是万神殿僵化趋势中最糟糕的方面，因为它在全盘接受和断然拒绝之间没有留下真正的中间路线。据报道，约翰·凯奇不喜欢贝多芬，而迈克尔·蒂皮特则是贝多芬的狂热支持者。著名作曲家本杰明·布里顿在1963年否认了他早年对贝多芬的痴迷，他说："有时我觉得自己搞不懂他在做什么。我最近听了他的（最后）一首钢琴奏鸣曲（Op. 111），声音如此怪异，我简直搞不懂它们到底是怎么回事。"[8]这个判断使布里顿听起来像是一个半世纪前那些嘲讽贝多芬的维也纳评论家。

然而，对某些当代作曲家来说，贝多芬是他们回过头来会重新产生兴趣的人。在大半辈子都习惯了看轻贝多芬的作品之后，哈里森·伯特威斯尔意识到：

> 如今，我对贝多芬的感觉完全不同了，这是我过去感受不到的。他是一位从来不会按照你的期望行事的作曲家，而且从不做作。有一部早期钢琴奏鸣曲——1800年的《降B大调第11号钢琴奏鸣曲》（Op. 22）——有点像早期的《槌子键琴奏鸣曲》（*Hammerklavier*）。我认为它很特别。在某种意义上，你明白那种音乐语言的和谐，但一切似乎都是新的，就像第一次听到一样。在某种程度上，这些（与贝多芬有关的）想法让我对自己不喜欢的音乐有了更清晰的认识。也许我以前不喜欢，但现在有了好感；又或许我只是不知道我喜欢。[9]

格伦·古尔德喜欢贝多芬早期的一些作品（但他又特别蔑视伯特威斯尔挑选的那首奏鸣曲），而很多现代音乐家却认为贝多芬晚期的作品不可或缺。虽然作曲家科林·马修斯承认贝多芬并不是他们同代人会定期谈论的话题，但他也承认，"他们（和我一样），可能更喜欢晚期奏鸣曲和四重奏，而不是交响乐。对我个人来说，贝多芬晚期的作品意义重大，而且我认为任何一个谱写四重奏的人都不可能对这些如此伟大的作品充耳不闻。"

现代作曲家仍会以这种令人费解的音乐为灵感源泉，这无疑是一种令人印象深刻的迹象，表明这位富有远见的老作曲家多么超前于他所处的时代。他不仅超越了他所处的时代，有时甚至超越了作品本身。如果你听到《E大调钢琴奏鸣曲》（Op. 109）最后一个乐章开头和结尾的主题都这样缓慢，像歌曲一般，你就会突然意识到这是属于世界末日的音乐——当然，还会有另一个声音从心底跳出来，质疑这只不过是无稽之谈，但我认为绝非如此。贝多芬那首宁静安详而举重若轻的歌曲将会是世界末日之歌：人们可以听见终曲的寂静。

* * * * * *

交响乐的典范

尽管如今对大众而言，《英雄交响曲》可谓耳熟能详（甚至是太熟悉了），但人们常常容易低估它的思想成就以及它曾引发的强烈震撼。贝多芬非常清楚它的伟大之处，他晚年坦言这是他最喜爱的一部交响曲。即便回到1805年，无论喜爱与否，绝大多数人在聆听了维也纳的首演之后都不得不承认，《英雄交响曲》拓展了一片崭新的音乐天地。从此之后，贝多芬交响乐便成为一个单独的音乐类别，与先前的古典音乐类型截然不同（而且不单单在乐曲长度方面有差别）。然而，这种新型音乐带来的震撼也阻挡了许多人的视线——他们竟没有发现《英雄交响曲》是多么根植于传统的音乐样式。接下来的一个世纪中，人们一直争论不休：它是否称得上是一部加强版的古典交响乐杰作？还是说，恰恰相反，它其实是首部浪漫主义交响乐的典范？大约从1800年起，贝多芬的艺术创新更多集中在音乐的样式，即如何定形——尤其是对交响乐这类规模宏大的音乐作品——既要表现出异乎寻常的个性，又要保持整体的连贯性。

如今提到古风时代的音乐形式时，人们通常会归因于海顿、莫扎特和贝多芬早期的奏鸣曲。贝多芬的"早期"跨度约为15年，从1785年（这一年他写出了三部钢琴四重奏，年仅14岁）到1800年——此时他已成为傲视群雄的钢琴家兼作曲家。当时，能让他衣食无忧并扬名立万的曲风，仍然逃不过以莫扎特和海顿为代表的晚期古典风格，比如他的第一部杰作，六首弦乐四重奏（Op. 18，1798—1800），以及和谐悦耳到令人乏味的《降E大调管乐七重奏》（Op. 20，1799）——后者可能是贝多芬生前最为畅销的作品。滑稽的是，这部作品日后却遭到作曲家本人的唾弃，因为它长期受到追捧。出于同样的原因，他最初的两部交响曲（1800—1802）和最初的三部钢琴协奏曲（1795—1802）也广受欢迎。就作品长度及整体结构而言，上述作品的古典风格清晰可辨，然而，它们也包含了大胆的创新和鲜明的个性，并且在大部分听众能接受的范围之内。但贝多芬逐渐对他继承的传统样式的局限性感到不满。很显然，在他看来，海顿和莫扎特通过各自的努力，已使弦乐奏鸣曲这一样式臻于完善，二人也站上了艺术的顶峰，但这一样式很可能也因此步入了死胡同，尽管顶峰之下，仍有若干翘首以盼的作曲家渴望顺应那种交响乐风格。贝多芬对此了然于胸，他知道自己不属于仰视他人的作曲家。

贝多芬为自己设立的目标是在音乐创作方面走出一条新路。在他受到追捧的作品中，已有一两部先声夺人，尤其是《悲怆奏鸣曲》。C小调对表现他的激情何等重要，在此处已始见端倪。总体而言，它并未超出奏鸣曲这一样式的基本结构，但除他外，没有第二位作曲家会如此大胆。这部激情澎湃的作品使他在维也纳报刊媒体上获得"声响艺术家"，而不是普普通通的"作曲家"这一称号，贝多芬对此非常受用。

就音乐风格的发展而言，他的另外两部钢琴奏鸣曲（Op. 27，1800—1801）可能更为重要，他描述这两部作品"几近疯狂"——传统奏鸣曲的音乐元素似乎被剔除殆尽。其中《升C小调第14

号钢琴奏鸣曲》以《月光奏鸣曲》闻名于世，因为诗人路德维希·雷尔斯塔勃不无感伤地指出，该乐曲令他联想到了"月光下的轻舟荡漾"。诗人的评价使这一作品名声大振，但事实上却曲解了作曲家的初衷——只要稍加留意第一乐章的沉思和终曲的激情，就会明白作品绝不单单是平庸地描绘景物。这部作品似乎是贝多芬在对一名学生产生的狂热激情驱动下一挥而就的，那学生就是芳龄17的女伯爵朱丽埃塔·古恰尔蒂。乐曲当然是献给她的，尽管他本人偶尔会装模作样夸耀他的贵族血统（正如他有时也倡导平民主义——晚年的一场司法裁决让他不得不公开承认，他姓氏中的"凡"并非德语中表示贵族的"冯"），但他的确是平民出身。他往日对贵族妇女的狂热痴迷无一例外是无疾而终，但此次与女伯爵的隐秘浪漫史无疑是奏鸣曲一炮走红的强力推手。从第一乐章开始，贯穿整部降E小调奏鸣曲的伴奏一直带着某种即兴创作的味道——面对台上的即兴表演，贝多芬的同时代人可谓毫不意外，真正出乎他们意料的是这部即兴之作居然可以堂而皇之地公之于世。《月光奏鸣曲》将听众引入梦幻般的音乐世界，而在此之前，谁也没有这样的亲身体验。第一乐章的与众不同之处还在于，哪

女伯爵朱丽埃塔·古恰尔蒂的微型画像，一幅未署名的象牙画作，于贝多芬遗物中发现。1800—1801年间，上流社会的流言蜚语表明朱丽埃塔·古恰尔蒂是个调情成性的风流女子。她跟随贝多芬学习，很显然，贝多芬不由自主地爱上了她。双方的社会阶层是一道难以逾越的鸿沟，贝多芬极有可能意识到了这一点，并在1802年10月的海利根施塔特遗书中流露出相当绝望的语气。

下页图
维也纳施泰纳公司出版的《威灵顿的胜利》钢琴总谱原版的扉页。

WEL

die Sch

Lude

GTONS SIEG

oder

t bey Vittoria

Piano = Forte

von

Beethoven

tes Werk.

an der Verleger. —

怕是一名业余钢琴师，只要他（她）的手指碰触到琴键，就能立刻弹奏出行云流水的美妙旋律——这也难怪 E. F. 本森虚构的露西亚这一角色，在赖斯姆的晚会上，面对喜怒无常的听众，会反复演奏《月光奏鸣曲》第一乐章。并且，与露西亚本人一样，许多业余爱好者明智地选择在公开演奏时舍弃难乎其难的最后一章。

到目前为止，贝多芬一直专注于寻找变化繁复、有助于增强作品感染力的音乐动机。在管乐作品中，只要将不同的乐器加以组合，便能实现这一目的——通过高低强弱的变化，每种乐器得以展示其惊人的表现力，令人耳目一新。假如这一手法运用得当，完全可以让听众在不知不觉中领悟到音乐的整体之美，而个别分散的音乐动机在某一乐章乃至整部交响曲中则可能会被"有意无意地"忽略。这种与传统样式截然不同的表现手法在贝多芬的《英雄交响曲》中展现得淋漓尽致，音乐理论家约瑟夫·克尔曼和艾伦·泰森将其称为"交响乐的典范"。

"交响乐的典范"这一概念，以及适于这一概念的技术手段，可能是贝多芬最为独特的贡献。无论他在古典音乐方面如何循序渐进，这一手法都是无与伦比的浪漫派的典范。当然，在20世纪初期，这一特色也冒犯了许多批评家，使得他们对贝多芬大为反感。而作曲家本人在创作于1813年的《战争交响曲》当中，也对自己的"交响乐的典范"进行了一番愤世嫉俗的滑稽模仿——并大获成功。[1]

《战争交响曲》（Op. 91，别名《威灵顿的胜利》，又名《维多利亚战役》）毫无悬念地为贝多芬带来了他急需的钱财，但也无可争议地被视为音乐界的另类。尽管已故的克尔曼和泰森两位学者都拥有收入体面的终身教职，但一位艺术家很难凭借愤世嫉俗过上体面生活。贝多芬的《战争交响曲》并没有破坏"交响乐的典范"，因为它编排得独具特色的旋律中混入了隆隆的炮声和鼓号，与柴可夫斯基著名的《1812年序曲》如出一辙，在今天看来更像是一部电影配乐而非交响曲。它以戏剧化的、充满杂音的方式讲述了一个故事，最终以雄壮的国歌结尾。至少从16世纪开始，"军乐"逐渐成为一种流行的种类，而战乱频仍的19世纪更推动了"军乐"的复兴。波希米亚风格的捷克作曲家弗朗茨·柯兹瓦拉的《布拉格之战》（1788年）最早的版本是钢琴三重奏，但它的钢琴独奏版本在整个欧洲出现了几十种盗版，并且在英格兰尤其受欢迎——每间沙龙和会客厅里都有一份。贝多芬当初预言，他常青的艺术样式25年后将会兑现，这显然并非夸大其词——而且是连本带息地兑现。尾声部分狂放的赋格不仅标志着漂亮的收尾，也预示着《第九交响曲》的开端。正如贝多芬对厌恶这部作品的评论家的反唇相讥："我动动脚趾也比你写得好。"

对贝多芬而言，他在《英雄交响曲》中猛然展现的音乐风格

下页图
约瑟夫·舒茨绘制的彩色蚀刻画。此画描绘了维也纳会议期间位于霍夫堡的雷东腾萨尔的一场假面舞会，舞会上演奏了贝多芬的《第七交响曲》以及《威灵顿的胜利》。

用"交响乐的典范"一词来概括真可谓再恰当不过。哪怕单单是为了标记这部作品与之前创作的其他作品之间存在的巨大鸿沟，它也需要一个名称。它不仅是一种音乐形式的断层，而且还引入了一种崭新的维度——早期听众可能不难辨别其中的道德元素，这种音乐似乎向听众讲述了一场道德伦理的冲突，并以美德获胜而告终。它像一部歌剧，一部不折不扣的拯救歌剧，只是既无演员也无剧本。

毫不奇怪的是，早期听众面对包含如此强烈的原创色彩的风格一定感到目瞪口呆。有人当场退席，就像半公开首演时在音乐厅发出绝望尖叫的那位男子一样；另一些人也很煎熬，但他们意识到自己是在聆听一种高难度的新型音乐，其中似乎充溢着某种摧枯拉朽的巨大能量。对在场的每位听众而言，这部交响乐都具有强烈的个人色彩。作品的主角可能是宣传中说的拿破仑，也可能是作曲家本人，或者二者的合体，但四个乐章明明白白地传递出一则信息：一个高贵的灵魂如何取得最终胜利。这是贝多芬"交响乐的典范"所要揭示的一种新现象，即在音乐中如何展现高贵的灵魂，日后他在《第五交响曲》和《第七交响曲》，尤其是《第九交响曲》中又反复运用这一手法。不仅如此，作为庄重严肃的古典音乐的试金石，它也为19世纪后半叶乃至20世纪大部分时间的音乐创作树立了典范。埃尔加日后将"高贵性"作为音乐作品最重要的评判准则，绝非偶然。不久，所有乐团都开始自称"交响"乐团，音乐厅（尤其是在美国）也都改为"交响"音乐厅，或简称"交响厅"。

尽管贝多芬走出了一条"新路"，但其高明之处还在于，通过娴熟的技巧在作品中尽可能多地保留了他需要的古典元素。1809年，友人和赞助人鲁道夫大公跟随维也纳宫廷的大部分人一道逃离法国时，贝多芬为他谱写了《降E大调钢琴奏鸣曲》（Op. 81a）——日后以《告别曲》或《离歌》而闻名于世。这是一首动人的乐曲，直抒胸臆、酣畅淋漓，三个乐章标题分别是"离别""缺席"和"重逢"。奇怪的是，作为贝多芬的中期作品，它的第一章和第三章却遵循传统奏鸣曲的样式，充满复纵线和反复部分。激情澎湃是他独有的特色，在舒缓、哀婉的乐章中体现得尤为明显，然而最后一章又不乏轻快温馨的旋律，从而避免可能带给听众的一丝丝道德说教意味。无论如何，就总体而言，构成维也纳古典风格的基本元素和特质在这里已荡然无存。这种音乐既令人开心愉悦，又让人感到亲切。它一度是海顿弦乐四重奏的典型特色：乐器之间优雅而狡黠地寒暄问答，像老友重逢在咖啡馆。正如查尔斯·罗森哀叹的那样，在浪漫时代即将来临之际，这种善意的亲切感，却令人痛心地转化为它的一大罪状："古典时期，已稍稍折损的优雅风姿，最后一次露面是在贝多芬《第八交响曲》的小快板部分，尤其是最后四重奏的

87

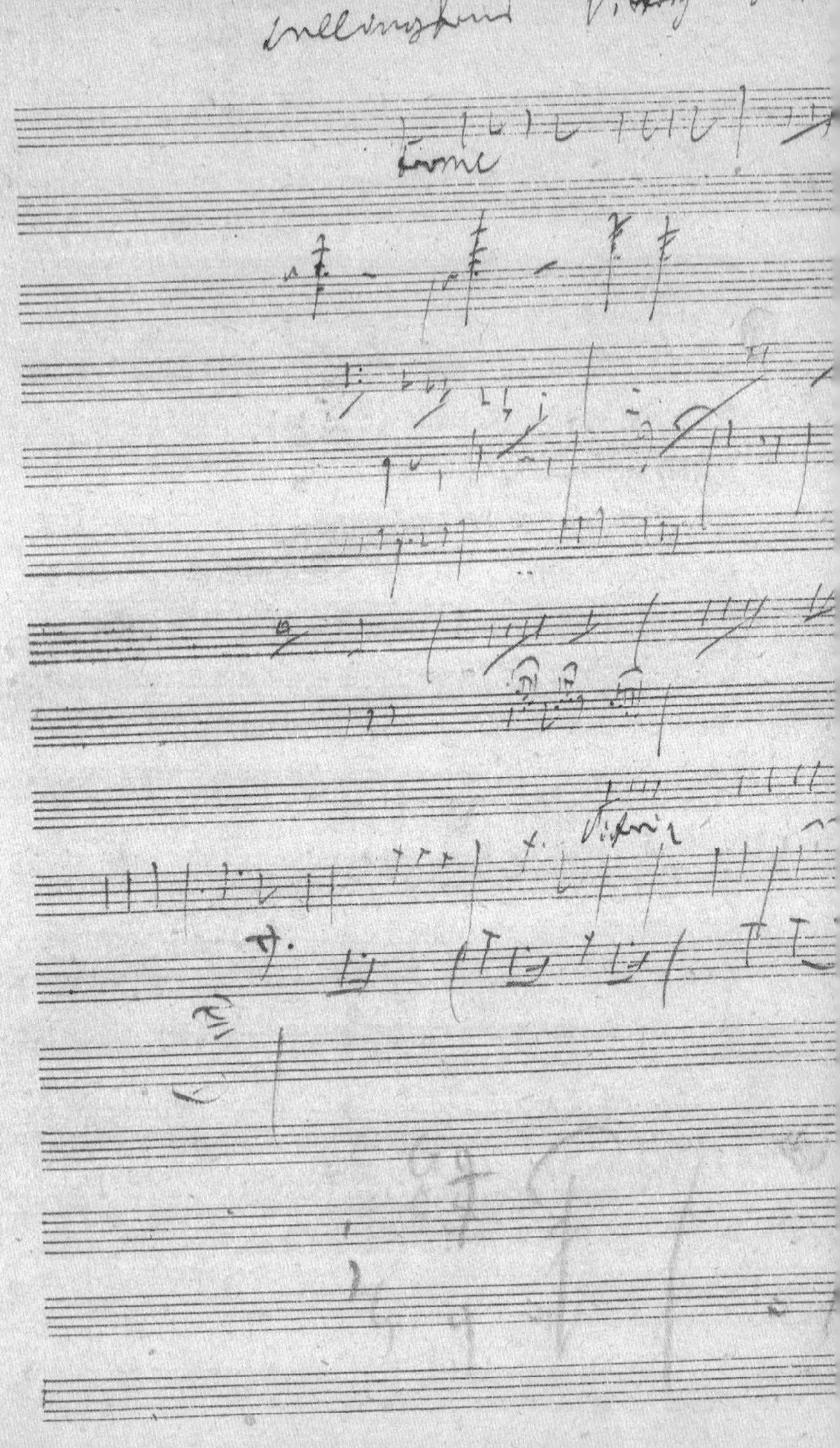

部分。从此之后，巧智便陷入了感伤的泥潭。"[2]

正如贝多芬在《英雄交响曲》中所做的那样，在交响曲中加入赋格在维也纳古典音乐的世俗传统中也有先例可循。贝多芬对莫扎特《朱庇特交响曲》的最后一章谙熟于胸，毫无疑问，他也像其他人一样，对结尾段展示的完美技巧感到极其震撼——在尾声部分，四重动机或旋律出人意料地交织在一起，将乐曲推向高潮。当然，莫扎特在展现精妙的对位技法的同时，也不免有"炫技"之嫌。对个性化的自我表达孜孜以求的贝多芬在创作《英雄交响曲》时，对这一技法尚且一无所知——这一点从他所使用的赋格，以及其他种类的对位音效中不难发现。相对于他的奏鸣曲形式而言，贝多芬的赋格缺乏个性，简直不值一提。然而当他着手创作《英雄交响曲》之时，他已熟练掌握了对位法，并且能将它与他的"交响乐的典范"完美结合在一起。因此，他偶尔融入音乐中的赋格也呈现出越来越多的个性，譬如在《槌子键琴奏鸣曲》以及《大赋格》[《降B大调四重奏》（Op. 130）的初版最后乐章]中——此时贝多芬以一种独特的手法和强劲有力的风格创作赋格，真可谓前无古人后无来者。通过这样的手法，贝多芬将他继承的各种音乐样式贴上了自我标签。即使在他看起来完全背离传统的时候，传统也已然融化在他的每一个音符之中，在嘈杂紊乱之中取得了和谐一致。

哈布斯堡的鲁道夫大公，他被封为红衣主教和奥洛穆茨大主教，约翰·巴蒂斯特·冯·兰皮绘于1805年左右。鲁道夫在1803年年末跟随贝多芬学习，而后与贝多芬成为朋友并为他提供长期赞助。贝多芬后来将《G大调第4号钢琴协奏曲》献给鲁道夫。

* * * * * *

《英雄交响曲》之后

1805年法国入侵奥地利，引发了一场社会动荡，继而给维也纳的音乐生活带来了根本性变化。许多贵族逃离了这座城市，18世纪贵族资助作曲家的古老传统很快走向式微，但贝多芬依旧能得到资助。他因失聪而与世隔绝，但名气越来越大，成为欧洲最著名的作曲家，这两个原因使他的朋友和余留的赞助人竭尽所能地保证他的物质生活，将之看作一件关乎荣誉的事。即便如此，他晚年的收入更多还是来自出版商，而非其忠实的支持者。而像比他小27岁的舒伯特这样的新一代作曲家，几乎找不到私人赞助人，几乎完全依靠承接委托谋生。

然而，在法国占领维也纳之后，贵族赞助随之瓦解。这确实促进了1814年"音乐之友协会"的成立，一个赞助真正的公众音乐会的协会。这个组织的成立象征着一个明确的转变：如今的音乐会不再是最初那些依附于私人宫殿的、小剧院内的沙龙音乐会和演出。这一趋势反映出维也纳生机勃勃的新社会融合，除了余留的贵族外，还包括新兴的中产阶级听众，以及富有银行家的财政支持（其中大部分是犹太人）。从本质上讲，这就是公众音乐制作在接下来几乎一个半世纪里将要采取的形式，直到第二次世界大战之后，欧洲各国政府开始使用公共税收而非私人赞助来资助本国的音乐制作。从一方面看，这是贝多芬青年时的愿望，即作曲家由国家财政供养支付；但从另一方面看，他几乎不会同意只

贝多芬静静地躺着，离开了尘世：1827年3月28日，贝多芬逝世后两天，由约瑟夫·丹豪森所绘制版画。那天过后，一些纪念品收藏者使用贿赂手段进入贝多芬的房间，盗取他的一缕缕头发，使他几乎变为秃头。

BEETHOVEN

am 28ten März an seinem
Todtenbette gezeichnet
1827

能创作经过统治者恩准的音乐这一交换条件。

　　早在贝多芬去世（1827年）之前，他的音乐在维也纳就已经过时了——如果说如此前卫的音乐真正流行过的话。新的风格取而代之。1817年，罗西尼凭借《塞维利亚的理发师》（*Barber of Seville*）和其他悦耳的歌剧风靡全城。1821年，韦伯创作的《魔弹射手》（*Der Freischütz*）随之而来，几个月前它已在柏林发行，但依然十分轰动。接着出现了新一代乐器演奏家。1828年，帕格尼尼对小提琴的控制力如超人一般，这让那些易受影响的人坚信他已经和魔鬼达成协议。他身上的表演者特质机敏地迎合了这一点，并由此塑造出一个恶魔梅菲斯特般的形象——他骨瘦如柴的身躯完全被黑色的衣服包裹住。次年，肖邦来到维也纳，身怀令人夺目的钢琴技艺，塑造了一个令女士们为之倾倒的浪漫形象。面对围坐的崇拜者，肖邦开始大谈特谈自己创作的绝妙音乐，以及他所激发的令人难以忍受的渴望。与此同时，维也纳人对舞蹈长期以来的热爱被融入华尔兹、四对方舞曲和波尔卡舞曲，施特劳斯家族和其他一些人很快将这些舞曲确立为维也纳的音乐标志。

　　到1830年，人们很难相信距离贝多芬去世仅仅才过了3年：他晚期的大多数音乐作品具有的超然严肃性似乎属于另一个时代——许多人甚至认为属于另一个星球。然而，多年来，维也纳大众对贝多芬的态度已经转变为喜爱之情。大多数人可能会带着困惑聆听贝多芬晚年的作品（例如最后的钢琴奏鸣曲和弦乐四重奏），这一点显得越来越不重要。作为这个城市里享誉国际的怪人，贝多芬终于成了维也纳人。在他晚年，他甚至被当作醉酒的流浪汉关押了一夜，他大声抗议说自己是贝多芬，却遭到警察的粗暴对待，因为他们没有认出他来（由此，我们不可能不想起那件事——少年时期的贝多芬在波恩时极力拯救因醉酒而被捕的父亲约翰）。到贝多芬去世时，就真正的维也纳风格而言，他既出名又过时，既滑稽又悲惨，十分矛盾。人们认为他适合躺在海顿和莫扎特旁边（如果他们能发现莫扎特躺在哪里的话，但是到目前为止还没有人知道）。海顿被埋在离维也纳约48公里处的艾森施塔特，那所由埃施特哈齐家族建成的贝尔格奇教堂里，而这恰好是贝多芬1807年指挥首演《C大调弥撒》的教堂：那是一场排练不充分、混乱不堪，并以惨败收尾的演出。

　　加入贝多芬送葬队列的人很多。维也纳人对此比对大多数隆重的葬礼还要热情。学校停课，成千上万的人站在街道两旁，看着贝多芬的棺材被抬到韦林教堂。庄严的葬礼仪式结束后，伴随着铜管乐队奏出的悲哀乐声，人们列队走向墓地。乐队演奏的是《降A大调钢琴奏鸣曲》（Op. 26）的慢速乐章，贝多芬将其命名为"悼念一位英雄之死的葬礼进行曲"。值得注意的是，他们并没有选择演奏《英雄交响曲》的葬礼进行曲部分——尽管如此，贝多芬仍不失为一个英雄。在墓地，他们听到演员海因里希·安舒茨在门外发表剧作家弗朗茨·格里尔帕策撰稿的简短演说。人群中

下页图
贝多芬庞大送葬队伍之水彩画，由弗朗茨·斯特伯所绘。据估计，有2万人参与葬礼，其中不乏维也纳的名流政要。扈棺者为城市的顶尖艺术家，其中包括胡梅尔和舒伯特（后者于次年辞世）。

的许多人都不乏黑色幽默感——他们如果知道庄严的庆典和棺材里那具可怜的尸体之间的极大反差，定然会觉得非常有趣。来自波恩的那个男孩经历了可怕的死亡。他的肝脏因为严重酗酒已经肿起来，而且浮肿得很奇怪。医生反复挤压肿胀部位的液体，好让他的症状得以减缓。那些切口（当时没有麻醉药或防腐剂）受到感染，渐渐毒害着贝多芬，甚至在他临死之前，他身体的某些部位就已经明显开始腐烂。在他死后，有些医生为了找寻他失聪的原因切除了他的听觉器官，另外一些医生切除了他的内脏，取出后却只能对着他的肝脏摇头叹息。更令人发指的是，他的尸身变得光秃秃的，大部分毛发都被剪掉，卖给了纪念品收藏者。

鲜为人知的是，在人们将贝多芬的尸体转移到维也纳巨大的中央公墓之前（这也是他如今长眠的地方），他的尸体曾被两度挖掘。如今他躺在自己原始方尖碑的复制品下方，周围是与他知名度不相上下的其他作曲家（如莫扎特）的纪念碑：对音乐家而言，此地堪称瓦尔哈拉殿堂。在托马斯·哈代创作的关于拿破仑时代的史诗性诗歌戏剧《列王》（*The Dynasts*）中，拿破仑在滑铁卢战役后若有所思地自言自语道：

"伟人是流星，燃烧了自己，

照亮了大地。这是我筋疲力尽的时刻。"[1]

贝多芬在临终之前可能说过同样的话。英雄的逝去大抵如此。这具被人切开且尸身腐烂的躯体不久前创作出的非凡艺术，在近两个世纪里深深影响了人们的思想，并且仍在为我们提供大量未见之事的证据。其中很多都具有明显的远见，但这种远见无人能言。然而，如果贝多芬的作品（特别是他的奇数号交响曲）所强加于这两个世纪的文化专制，阻止了更多听众陶醉于其早期多部作品优美的平衡以及抒情特质[例如，六首弦乐四重奏（Op.18）或《田园奏鸣曲》（Op. 28）]，以及一些乐曲令人惊叹的复杂性（例如，最后五首弦乐四重奏、最后三首钢琴奏鸣曲、《迪亚贝利变奏曲》，当然还有《大赋格》），那么这种文化专制就成了时代的不幸。贝多芬本想将《大赋格》作为《降B大调弦乐四重奏》的终曲乐章，但当时人们认为它过于复杂，无法演奏，于是他用一个更传统的结尾代替了它。整个19世纪，《大赋格》都令时人大感困惑。人们认为它是大师脱离常规的行为之一，最好把它掩盖起来（就像《战争交响曲》一样）。到了20世纪，人们才终于开始接受它。斯特拉文斯基将其描述为"绝对的当代音乐作品，并且将永远属于当代"，这一描述十分出名。

每一代人都不确定自己是否已经完全理解贝多芬的作品，到了现在，或许更不可能了。就像玻璃罩在壁炉架钟上那样，伟大一直以来都围绕着他。正如奥斯卡·王尔德曾对他的朋友惠斯勒说的那样，"伟大意味着被误解"。镜头拉到当代，《纽约客》（*The New Yorker*）的音乐评论家亚历克斯·罗斯想知道，贝多芬现在是否能逃脱"不朽的无意义"这一命运。[2]

即便如此，在其一生中仍有一些批评家声称理解他的音乐。

1810年，诗人、艺术家及作曲家E. T. A.霍夫曼在回顾贝多芬《第五交响曲》的其中一场演出时（作为开头）写道：

> 贝多芬的器乐曲为我们打开了一个巨大而不可估量的世界。炽热的光线穿过这个世界的深夜，我们感受到巨大的阴影来回涌动，向我们逼近，直到把我们毁灭。但这并非无休止的渴望造成的痛苦，在这种痛苦中，每一个在欢乐的音调中迅速升起的欲望都下沉、消逝。只有在这种爱、希望和欢乐交织的痛苦之中（它们会消耗我们的精力，却不会毁灭我们；它们会用一根充满激情的、强有力的和弦撕裂我们的胸膛），我们才能在这个幽灵般的世界活下去，同那些被施了魔法的预言家一样！
>
> 贝多芬的音乐仿佛是一根挥着恐惧、敬畏、恐怖和痛苦的杠杆，唤醒了浪漫主义的精髓——永恒的渴望。因此，贝多芬是一个纯粹的浪漫主义作曲家，如果说他在声乐方面鲜有成就，这是不是因为声乐排斥拥有无限渴望的性格的作曲家，并代表某种来自无限的领域，只能通过文字的确切作用来表现的情感呢？[3]

霍夫曼将这种超然的情感归因于他的音乐，而贝多芬对这一行为高度赞赏——他可能也认为自己与巴赫、海顿和莫扎特一样，被奉为音乐大师。不仅如此，霍夫曼还描述了一种英雄的艺术，它可以向每一个听众施加巨大的力量。贝多芬确实做到了这一点，并带来了实际性的结果。

到了19世纪中期，贝多芬的交响曲已经成为许多管弦乐队的

"主食"——音乐会中富含高热量的核心曲目。在音乐会中，在世作曲家的新音乐往往更像是瘦身食品。正是贝多芬为塑造未来的"古典"音乐榜单作出了最大的贡献。对此，亚历克斯·罗斯的评述相当到位：

> 在19世纪，当人们选择音乐会的曲目时，已故作曲家开始"挤掉"在世作曲家，其中贝多芬的一系列杰作的地位尤为不可撼动。正如学者威廉·韦伯所证实的[4]，这种对过去的盲目迷恋可以用数学进行精确的追踪，根据图表显示，结果是一条呈上升态势的曲线。例如，在莱比锡，音乐会上演奏已故作曲家作品的比例从1782年的11%上升至1870年的76%。韦伯认为1807年在莱比锡演奏贝多芬的《英雄交响曲》——这一雄浑悲壮、波涛汹涌的交响曲——是一个转折点：这部作品于一周后"应观众要求"重返舞台，并在演出最后获得殊荣。[5]

（考虑到1807年贝多芬仍然十分活跃，并且在接下来的20年里仍将如此，韦伯大概是在暗示：在人们能够判断出音乐的某种流行趋势之前，这种趋势一定有一个良好的开端。）

正是贝多芬的"交响乐的典范"这一精神遗产——对英雄主义和人类手足之情的呼吁——对许多西方音乐的未来产生了几近颠覆的力量。如果贝多芬在1802年倒在一辆运送啤酒的平板马车之下，后来的许多作曲家是否还会用交响曲来表达他们最伟大的思想和最有可能永垂不朽的尝试，这一点就变得有待商榷。在其继任者的视野中，隐约可见那九部交响曲中高蹈派诗歌的主体，它们那稀薄的山峰闪闪发光，既无法攀爬，又亟须攻克。可怜的勃拉姆斯几乎被"要摆脱贝多芬的影响"这一可怕的焦虑吓呆了，他在43岁时（1876年）才鼓足勇气创作出第一部属于他本人但非常具有贝多芬风格的交响曲。

　　同样值得商榷的是，如果不是《英雄交响曲》和《第九交响曲》极大地扩展了交响曲在形式上与美学上可能带有的限制，交响乐这种形式是否会形成某些晚期浪漫主义作曲家所青睐的庞大规模？例如，圣桑宏大的《第三交响曲》（1886年）终曲十分宏伟，需要风琴和两架钢琴。当然，这首曲子写得很好，既令人印象深刻，又让人很难严肃对待，其中大部分内容很容易让人觉得是滑稽可笑的模仿（要记得柏辽兹对年轻的圣桑作出的杰出却令人难堪的评价："他缺乏'缺乏经验'"）。很显然，贝多芬《第九交响曲》的合唱终曲对其他作曲家创作的交响曲也产生了很大影响。马勒的《第三交响曲》含有六个乐章，两个合唱团，平均演奏时长为1小时40分钟，这可能是常规表演曲目中演奏时间最长的。他的《第八交响曲》（正是他本人极度磨人、极度认真的态度的缩影）经常被称为"千人交响曲"（*Symphony of a Thousand*），尽管通常只有勉强四百名演奏者和歌手参加演出。

　　"在所有的音乐形式中，交响曲最能表达真正的宏伟和崇高"，这无疑是查尔斯·艾夫斯未完成的《宇宙交响曲》（*Universe Symphony*）想要表达的思想。根据作曲家的叙述，这首交响曲

"并非仅仅关乎音乐本身",而是试图描述全宇宙(早在18世纪90年代,海顿就已经成功完成了这项任务)。从艾夫斯大量的草图中,我们得以意识到这一点。此外,他与管弦乐队内指定的74名成员一起演奏,其中14人是打击乐器乐手。如果这首曲子听起来让人觉得地球上好像什么都没有,那它很可能符合了作曲家最初的创作意图。

在所有交响曲中,如果要让贝多芬为哈弗格尔·布莱恩的《第一交响曲》承担责任,这样的要求无疑过于苛刻。布莱恩创作于1919年的这部交响曲以"哥特式"著称,演出时长可以持续两小时(甚至更长),而观众主观上或许会觉得演出持续了一周以上。它需要五个合唱团、独唱歌手和有史以来规模最大的管弦乐队,仅打击乐部分就需要15种不同的乐器,包括一台雷声机和惊鸟器。本书作者很荣幸地(如果这个词准确的话)参加了这部"哥特式"交响曲的首次公演。公演于1966年在阿德里安·博尔特爵士的艾伯特厅举行,是一场对分贝的严酷考验。在结束的时候,这位90岁高龄的作曲家虽然摇摇晃晃,但是依然向欢呼的观众鞠了一躬,而观众的欢呼只是因为乐曲结束所带来的如释重负和欣喜若狂。

如果《英雄交响曲》将交响曲确立为一种公众音乐形式(即能够进行某种道德治疗,并鼓舞更多观众进入专门建造的崭新音乐厅),那么这就意味着"严肃"音乐的民主化。可以说,这种为人民服务的音乐思想起源于革命后的法国。贝多芬从未坦言,他的音乐是为那些比维也纳周边屈指可数的几位邦国小君范围更广、接受

程度更高的听众设计的。事实上，他可能是第一个完全相信自己的音乐能经久不衰的作曲家，因此，他创作的具有高度政治性的《英雄交响曲》《第五交响曲》和《第九交响曲》会被胡乱使用，为重大的国家事件定下基调。对于这一点，他并不觉得奇怪。1848年至1849年，欧洲各地的人们在所谓的"人民的春天"系列起义中到处演奏贝多芬的交响曲。人们尤其认为《英雄交响曲》宣扬具有英雄主义的民主精神，激励着新革命。

1880年，著名的指挥家汉斯·冯·比洛曾说过一句名言："我认为巴赫是音乐的圣父，贝多芬是圣子，勃拉姆斯是圣灵。"到19世纪末，贝多芬的音乐总体而言（尤其是交响曲）甚至已超越了被用来培养日耳曼人的民族主义精神这一功能。在第二次世界大战中，当纳粹兴高采烈地利用贝多芬的音乐时，《第五交响曲》开头的"当——当——当——得"被盟军用作摩斯密码字母"V"以表示胜利。这也表明贝多芬轻易超越了德国的民族主义，他的灵感和知名度被举世公认。后来，沿袭这一做派，贝多芬的《第九交响曲》的终曲乐章《欢乐颂》被无耻地指定为欧盟的"盟歌"，成为一个非常沉闷无趣的机构的主题曲。

这就是两百多年前的夏天在奥地利一座农舍进行的艺术创作产生的世界性影响。

贝多芬的铜质半身像，由弗朗兹·克莱因所作。它是以克莱因在1812年制作的真人面具为基础创作的，因此，该作品可能比任何肖像画都更加准确地将贝多芬的种种特征刻画了出来。

* * * * * *

附录

第二章，第24页

《C大调第3号钢琴四重奏》中提到的主题实际上是一个小调版本的"普罗米修斯"曲调。节奏当然是正确的：

在《D大调第2号钢琴四重奏》的最后一个乐章，即回旋曲中，有对同一曲调雏形的暗示，现在是大调，但却是活泼的6/8拍：

第五章，第92页

这里使用的简化乐谱是李斯特版本的《英雄交响曲》（他把贝多芬所有的交响曲转录成了钢琴独奏曲），有趣的是，当他在1832年为自己的第一首钢琴协奏曲的开篇打草稿时，他使用了与贝多芬同样的降E调设计。唯一不同的是，他又往下重复了一遍：

在前两小节里，李斯特写了《你们不会明白，哈哈！》（"哈哈"是铜管和管乐器发出的声音，弦乐器在第二小节的后半部分停止）。人们很容易把这当作对《英雄交响曲》和他最尊敬的作曲家的一种调侃式的致敬。

第五章，第99页

参见克劳德·V.帕利斯卡，"贝多芬《英雄交响曲》葬礼进行曲部分的法国革命榜样"，安·杜·夏皮罗（编），《音乐和语境》（哈佛大学出版社，1985），第202页。

a：戈塞克，《哀悼进行曲》

b：贝多芬，《英雄交响曲》的葬礼进行曲部分

《李斯特在钢琴上的幻想》（*Liszt at the piano*），约瑟夫·丹豪森绘于1840年。李斯特也许是他众多崇拜者关注的焦点，但是显而易见，贝多芬那超大型的半身像激励着他。室外暴风雨来临前的落日暗示着这位老作曲家已然为浪漫主义时代指明了前进方向。图中（从左至右）是亚历山大·仲马、维克多·雨果、乔治·桑、帕格尼尼、罗西尼、李斯特和玛丽·达戈特伯爵夫人。画中乐器为康拉德拉夫钢琴。

图片来源

版权页后 Beethoven Haus, Bonn/ Bridgeman Images;

目录页后 Kunsthistorisches Museum, Vienna, Austria/Bridgeman Images;

p. 3 Beethoven Haus, Bonn;

p. 17 The Art Archive/Beethoven House Bonn/Gianni Dagli Orti;

p. 19 Beethoven Haus, Bonn;

p. 29 GL Archive/Alamy Stock Photo;

pp. 34-35 De Agostini Picture Library/A. Dagli Orti/Bridgeman Images;

pp. 44-45 Imagno/Getty Images;

p. 49 Hulton Archive/Getty Images;

p. 55 Hulton Fine Art Collection/Getty Images;

p. 59 Hulton Archive/Getty Images;

p. 62 Wikimedia Commons;

p. 67 Beethoven Haus, Bonn, Collection H. C. Bodmer;

p. 73 Beethoven Haus, Bonn, Collection H. C. Bodmer;

pp. 76-77 The Art Archive/Historisches Museum (Museen der Stadt Wien) Vienna/Gianni Dagli Orti;

p. 79 Wikimedia Commons;

p. 89 The Art Archive/Historisches Museum (Museen der Stadt Wien) Vienna/Collection Dagli Orti;

p. 95 Archiv, Bibliothek und Sammlungen der Gesellschaft der Musikfreunde in Wien;

p. 97 Courtesy of the Biblioteka Jagiellonska, krakow, Poland;

p. 115 Beethoven Haus, Bonn/Bridgeman Images;

p. 120 Wikimedia Commons;

p. 122 Granger Historical Picture Archve/Alamy Stock Photo;

p. 125 Olaf Ludwig/Shutterstock;

p. 127 Bibliothèque nationale de France;

p. 133 Archiv, Bibliothek und Sammlungen der Gesellschaft der Musikfreunde in Wien;

p. 135 Bridgeman Images;

p. 144 Beethoven Haus, Bonn, Collection H. C. Bodmer;

注释

第二章　来自波恩的男孩

1. Quoted in Marion M. Scott, *Beethoven* (J. M. Dent, 1951), p. 18.

2. Quoted in Joseph Kerman and Alan Tyson, *The New Grove Beethoven,* (Macmillan, 1987), p. 3.

3. Scott, pp. 22–3.

4. See Alexander L. Ringer, 'Clementi and the Eroica', *Musical Quarterly* 47/4 (October 1961).

5. Katharine Thomson, 'Mozart and Freemasonry', *Music and Letters* 57/1 (January 1976), p. 25.

6. Scott, p. 31.

7. H. C. Robbins Landon, *Beethoven: A Documentary Study* (Thames and Hudson, 1970), p. 57.

8. *Ludwig van Beethovens Stammbuch,* facsimile edition with comments by Dr Hans Gerstinger (Bielefeld-Leipzig, 1927).

第三章　维也纳

1. Scott, p. 112.

2. See Fan S. Noli, *Beethoven and the French Revolution* (Tirana, 1991), p. 110.

3. H. C. Robbins Landon, *The Mozart Compendium* (Schirmer, 1990), p. 68.

4. 'Verflucht, verdammt, vermaledeites, elendes Wienerpack!' (Letter to Joseph Carl Bernard, 15 September 1819).

5. 'Elender Schuft und gemeiner Lumpenkerl!' (quoted in Noli, p. 92).

6. Anton Schindler, *Biography of Ludwig van Beethoven*, 2nd edition (Aschendorff, 1845), p. 56.

7. Noli, p. 77.

8. Jan Swafford, *Beethoven* (Faber & Faber, 2014), p. 204.

9. For a comprehensive collection of this music, see Constant Pierre *Musique des fêtes et cérémonies de la révolution*

française (Paris, 1899).

10. Letter to Franz Anton Hoffmeister, 15 January 1801.

第四章　普罗米修斯

1. Quoted in H. C. Robbins Landon, *Haydn: The Late Years, 1801–1809* (Thames & Hudson, 1977), p. 32.

2. Ibid., p. 33.

3. Slightly edited from Wayne M. Senner, *The Critical Reception of Beethoven's Compositions by his German Contemporaries* (University of Nebraska Press, 1999), pp. 190–95.

第五章　谱写交响曲

1. Hoffman, 'Beethoven's Instrumental-Musik', in *E. T. A. Hoffmanns sämtliche Werke*, vol. 1, edited by C. G. von Maassen, translated by Bryan R. Simms (G. Müller, 1908).

2. Scott, p. 99.

3. F. G. Wegeler and Ferdinand Ries, *Biographische Notizen uber Beethoven* (K. Badeker, Koblenz, 1838), pp. 77ff.

4. George Grove, *Beethoven and his Nine Symphonies* (Novello and Co., London, 1896), p. 77.

第六章　谁是《英雄交响曲》致敬的真正英雄?

1. John Clubbe, 'Beethoven, Byron, and Bonaparte' (n.d.), www.napoleon.org/en/reading_room/articles/files/clubbe_beethoven_byron.asp (accessed 27 April 2016).

2. Quoted in Maynard Solomon, *Beethoven* (Schirmer Trade Books, New York, 1998), p. 173.

3. See Peter Schleuning, *Beethoven 1800–1806* (Frankfurt/Main 1989), pp. 66–79.

4. Ibid.

5. Grove, p. 54.

第七章　《英雄交响曲》的反响

1. Scott, p. 52.

2. *Allgemeine musikalische Zeitung*, vol. VII (13 February 1805), p. 321.

3. Joseph d' Ortigue, 'George Onslow',
   Révue de Paris, 1ere serie, LVI
   (Novembre 1833), p. 154.

4. Quoted in Grove, p. 93.

5. *The Glenn Gould Reader,* edited by
   Tim Page (Vintage, 1988), p. 50.

6. Quoted in Ned Rorem, *The Nantucket
   Diary* (North Point Press, 1987), p.
   580.

7. Tim Page, *Music from the Road* (OUP,
   1992), p. 102.

8. Murray Schafer, *British Composers in
   Interview* (Faber & Faber, 1963).

9. Harrison Birtwistle, *Wild Tracks,*
   edited by Fiona Maddocks (Faber &
   Faber, 2014), p. 21.

第八章　交响乐的典范

1. Kerman and Tyson, pp. 109–10.

2. Charles Rosen, *The Classical
   Style*(Faber & Faber, 1971), p. 98.

第九章　《英雄交响曲》之后

1. Thomas Hardy, *The Dynasts*, Part 3,
   Act Seventh, Scene IX.

2. See Alex Ross, 'Deus ex Musica', *The
   New Yorker*, 20 October 2014.

3. Hoffmann, op. cit.

4. See William Weber, *The Great
   Transformation of Musical Taste:
   Concert Programming from Haydn to
   Brahms* (CUP, 2009).

5. Ross, op. cit.

译名对照表

人名

A

阿德里安·博尔特爵士 Sir Adrian
　　Boult

阿梅利乌斯·拉杜 Amelius Radoux

埃尔加 Elgar

埃施特哈齐 Esterházy

艾伦·泰森 Alan Tyson

安·杜·夏皮罗 Ann Dhu Shapiro

安德烈亚斯·拉祖莫夫斯基伯爵
　　Count Andreas Razumovsky

安东·申德勒 Anton Schindler

安瑟姆·胡滕布莱纳 Anselm
　　Hüttenbrenner

奥登 Auden

奥古斯特·弗里德里希·奥伦海恩斯
　　August Friedrich Oelenhainz

奥克冈 Ockeghem

奥珀斯多夫伯爵 Count Oppersdorff

B

柏辽兹 Berlioz

贝尔格 Berg

贝纳多·贝洛托 Bernardo Bellotto

本杰明·布里顿 Benjamin Britten

彼得·施洛伊宁 Peter Schleuning

庇护七世 Pius VII

勃拉姆斯 Brahms

C

查尔斯·艾夫斯 Charles Ives

查尔斯·罗森 Charles Rosen

D

达莱拉克 Dalayrac

杜塞克 Dussek

E

恩斯特·克里斯托弗·德莱斯勒 Ernst
　　Christoph Dressler

E. F. 本森 E. F. Benson

E. M. 福斯特 E. M. Forster

E. T. A. 霍夫曼 E. T. A. Hoffmann

F

樊尚·丹第 Vincent d'Indy

范·S. 诺利 Fan S. Noli

腓特烈大帝 Frederick the Great

费迪南德·冯·瓦尔德施泰因伯爵 Count Ferdinand von Waldstein

费迪南德·海勒 Ferdinand Heller

费迪南德·里斯 Ferdinand Ries

弗朗茨·安东·霍夫迈斯特 Franz Anton Hoffmeister

弗朗茨·格里尔帕策 Franz Grillparzer

弗朗茨·柯兹瓦拉 Franz Kocźwara

弗朗茨·李斯特 Franz Liszt

弗朗茨·斯特伯 Franz Stöber

弗朗茨·韦格勒 Franz Wegeler

弗朗茨二世 Francis II

弗朗索瓦—约瑟夫·戈塞克 François-Joseph Gossec

弗朗兹·克莱因 Franz Klein

弗朗兹·约瑟夫·洛布科维茨亲王 Prince Franz Joseph Lobkowitz

弗雷德里克·威廉三世 Frederick William III

弗洛伦斯坦 Florestan

G

戈特弗里德·凡·斯威腾男爵 Baron Gottfried van Swieten

戈特霍尔德·埃夫莱姆·莱辛 Gotthold Ephraim Lessing

格奥尔格·格罗夫 George Grove

格雷特里 Grétry

格鲁克 Gluck

格伦·古尔德 Glenn Gould

公民路易·卡佩 Citizen Louis Capet

H

哈布斯堡的鲁道夫大公，红衣主教，奥洛穆茨大主教 Archduke Rudolph of Habsburg, Cardinal and Archbishop of Olmütz

哈弗格尔·布莱恩 Havergal Brian

哈里森·伯特威斯尔 Harrison Birtwistle

海因里希·安舒茨 Heinrich Anschütz

汉斯·冯·比洛 Hans von Bülow

黑特尔 Härtel

亨利·富塞利 Henry Fuseli

J

杰罗姆·波拿巴 Jérôme Bonaparte

金斯基亲王 Prince Kinsky

J. C. 罗森鲍姆 J. C. Rosenbaum

K

卡尔·阿门达 Carl Amenda

卡尔·车尔尼 Carl Czerny

卡尔·菲利普·伊曼纽尔 Carl Philipp Emanuel

卡尔·利赫诺夫斯基亲王 Prince Karl
　　Lichnowsky

卡尔·麦克 Karl Mack

卡尔·容克尔 Karl Junker

卡斯帕·大卫·弗里德里希 Caspar
　　David Friedrich

卡泰尔 Catel

凯鲁比尼 Cherubini

科林·马修斯 Colin Matthews

克拉拉·威克 Clara Wieck

克劳德·V. 帕利斯卡 Claude V. Palisca

克里斯蒂安·戈特洛布·内弗
　　Christian Gottlob Neefe

克里斯蒂安·霍纳曼 Christian
　　Horneman

克里斯托夫·冯·布罗伊宁 Christoph
　　von Breuning

L

莱奥诺拉 Leonora

勒·叙厄尔 Le Sueur

理查德·施佩希特 Richard Specht

理查德·施特劳斯 Richard Strauss

利奥波德·莫扎特 Leopold Mozart

利奥波德二世 Leopold II

鲁道夫·克罗伊策 Rodolphe Kreutzer

鲁热·德·利尔 Rouget de Lisle

路德维希·凡·贝多芬 Ludwig van
　　Beethoven

路德维希·雷尔斯塔勃 Ludwig
　　Rellstab

路易十六 Louis XVI

罗宾斯·兰登 Robbins Landon

罗伯斯庇尔 Robespierre

罗伯特·舒曼 Robert Schumann

罗西尼 Rossini

M

马克西米利安·弗朗茨大公，科隆
　　大主教，选侯 Prince Maximilian
　　Franz, Archbishop and Elector-
　　Spiritual of Cologne

马克西米利安·弗里德里希选侯
　　Elector Maximilian Friedrich

马里昂·M. 斯科特 Marion M. Scott

玛丽·安托瓦内特 Marie Antoinette

玛丽·达戈特伯爵夫人 Countess Marie
　　d'Agoult

迈克尔·蒂皮特 Michael Tippett

梅于尔 Méhul

蒙西尼 Monsigny

穆齐奥·克莱门蒂 Muzio Clementi

N

内德·罗雷姆 Ned Rorem

尼古拉斯·西姆罗克 Nikolaus Simrock

尼古劳斯·约翰 Nikolaus Johann

女伯爵朱丽埃塔·古恰尔蒂 Countess
　　Giulietta Guicciardi

女皇玛丽亚·特蕾西亚 Empress Maria
　　Theresa

O

欧洛吉乌斯·施奈德 Eulogius
　　Schneider

P

帕莱斯特里纳 Palestrina

帕维尔·弗拉尼茨基 Paul Wranitzky

佩尔戈莱西 Pergolesi

佩尔根伯爵 Count Pergen

普鲁士的路易斯·费迪南德亲王
　　Prince Louis Ferdinand of Prussia

Q

乔治·翁斯洛 George Onslow

琼·尼古拉斯·布约利 Jean-Nicolas
　　Bouilly

R

让·保罗 Jean Paul

让·伯纳多特将军 General Jean
　　Bernadotte

若斯坎·德普雷 Josquin Desprez

S

萨尔瓦多·维加诺 Salvatore Viganò

史蒂芬·冯·布罗伊宁 Stephan von
　　Breuning

斯特拉文斯基 Stravinsky

T

托马斯·哈代 Thomas Hardy

托马斯·塔利斯 Thomas Tallis

W

瓦格纳 Wagner

威廉·布莱克 William Blake

威廉·韦伯 William Weber

韦伯恩 Webern

文策尔·克伦普霍尔茨 Wenzel
　　Krumpholz

文森兹·雷姆 Vincenz Reim

沃尔夫冈·阿玛多伊斯·莫扎特
　　Wolfgang Amadeus Mozart

X

勋伯格 Schoenberg

Y

雅克—路易·大卫 Jauques-Louis David

亚历克斯·罗斯 Alex Ross

扬·拉迪斯拉夫·杜舍克 Jan Ladislav
　　Dussek

伊格纳茨·普莱耶尔 Ignaz Pleyel

伊西多尔·纽加斯 Isidor Neugass

约翰·巴蒂斯特·冯·兰皮 Johann
　　Baptist von Lampi

约翰·彼得·所罗门 Johann Peter
　　Salomon

约翰·布朗博士 Dr John Brown

约翰·弗朗茨·卢梭 Johann Franz
　　Rousseau

约翰·格奥尔格·阿尔布雷希茨贝格
　　Johann Georg Albrechtsberger

约翰·凯奇 John Cage

约翰·克拉比 John Clubbe

约翰·罗克里茨 Johann Rochlitz

约翰·罗斯金 John Ruskin

约翰·梅泽尔 Johann Maelzel

约翰·尼波默克·胡梅尔 Johann
　　Nepomuk Hummel

约翰·施米特医生 Dr Johann Schmidt

约瑟夫·奥蒂格 Joseph d'Ortigue

约瑟夫·丹豪森 Joseph Danhauser

约瑟夫·海顿 Joseph Haydn

约瑟夫·克尔曼 Joseph Kerman

约瑟夫·马勒 Joseph Mähler

约瑟夫·舒茨 Joseph Schutz

约瑟夫二世 Joseph II

地名、建筑名

埃施特哈齐宫 Eszterháza Palace

艾森施塔特 Eisenstadt

奥地利剧院博物馆 Austrian Theatre
　　Museum

奥斯特里茨 Austerlitz

杜伊勒里宫 The Tuileries Palace

高加索山 Mount Kaukasos

哥德斯堡 Godesberg

格拉茨 Grätz

海利根施塔特村 Heiligenstadt village

赫拉德茨 Hradec

霍夫堡雷东腾萨尔 Hofburg
　　Redoutensaal

喀尔巴阡山 Carpathians

拉乌尼茨 Raudnitz

莱比锡 Leipzig

赖斯姆 Riseholme

利赫诺夫斯基宫 The Lichnowsky Palace

林堡 Limburg

鲁德尼斯 Roudnice

洛布科维茨宫 The Lobkowitz Palace

曼海姆 Mannheim

美因茨 Mainz

萨尔斯堡 Salzburg

上德布灵 Oberdöbling

圣伯纳隧道 The Great St. Bernard Pass

圣赫勒拿岛 St Helena

圣斯蒂芬大教堂 St Stephen's Cathedral

斯特拉斯堡 Strasbourg

瓦尔哈拉殿堂 Valhalla

威斯特伐利亚 Westphalia

韦林教堂 Währing church

维也纳中央公墓 Wiener Zentralfriedhof

耶拿 Jena

专有名词

百音琴 Panharmonicon

半岛战争 Peninsular War

变奏曲 Variation form

布赖特科普夫与黑特尔音乐出版社 Breitkopf & Härtel

抽象音乐 Abstract music

短期学徒 Tirocinium

对位 Counterpoint

法—佛兰德乐派 Franco-Flemish School

格里高利圣咏 Gregorian chant

光照派 Illuminati

哈布斯堡帝国 Habsburg Empire

海利根施塔特遗书 The Heiligenstadt Testament

康塔塔 Cantata

马伦哥战役 Battle of Marengo

缪扎克 Muzak

清唱剧 Oratorio

萨尔菲尔德战役 Battle of Saalfeld

神圣罗马帝国 Holy Roman Emperor

维也纳施泰纳公司 S. A. Steiner & Comp, Vienna

文理中学 Gymnasium

谐谑曲 Scherzo

宴席音乐 Tafelmusik

拯救歌剧 Rescue opera

奏鸣曲 Sonata form

里程碑文库

The Landmark Library

"里程碑文库"是由英国知名独立出版社宙斯之首（Head of Zeus）于2014年发起的大型出版项目，邀请全球人文社科领域的顶尖学者创作，撷取人类文明长河中的一项项不朽成就，以"大家小书"的形式，深挖其背后的社会、人文、历史背景，并串联起影响、造就其里程碑地位的人物与事件。

2018年，中国新生代出版品牌"未读"（UnRead）成为该项目的"东方合伙人"。除独家全系引进外，"未读"还与亚洲知名出版机构、中国国内原创作者合作，策划出版了一系列东方文明主题的图书加入文库，并同时向海外推广，使"里程碑文库"更具全球视野，成为一个真正意义上的开放互动性出版项目。

在打造这套文库的过程中，我们刻意打破了时空的限制，把古今中外不同领域、不同方向、不同主题的图书放到了一起。在兼顾知识性与趣味性的同时，也为喜欢此类图书的读者提供了一份"按图索骥"的指南。

作为读者，你可以把每一本书看作一个人类文明之旅的坐标点，每一个目的地，都有一位博学多才的讲述者在等你一起畅谈。

如果你愿意，也可以将它们视为被打乱的拼图。随着每一辑新书的推出，你将获得越来越多的拼图块，最终根据自身的阅读喜好，拼合出一幅完全属于自己的知识版图。

我们也很希望获得来自你的兴趣主题的建议，说不定它们正在或将在我们的出版计划之中。

里程碑文库编委会